AF215831

Impressum
Verlag: BABADADA GmbH, Nedderfeld 112 , 22529 Hamburg
Geschäftsführer / Verlagsleitung: Harald Hof
Druck: Books on Demand GmbH, In de Tarpen 42, 22848 Norderstedt

Imprint
Publisher: BABADADA GmbH, Nedderfeld 112 , 22529 Hamburg, Germany
Managing Director / Publishing direction: Harald Hof
Print: Books on Demand GmbH, In de Tarpen 42, 22848 Norderstedt

σχολείο

skole

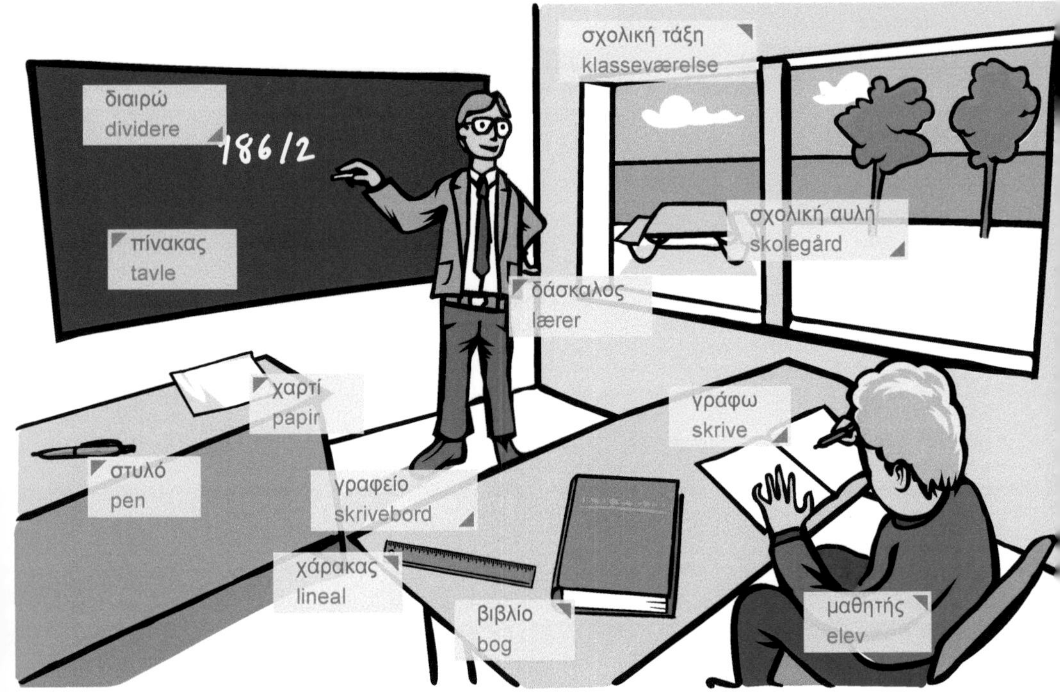
σχολική τάξη
klasseværelse
διαιρώ
dividere
186/2
πίνακας
tavle
σχολική αυλή
skolegård
δάσκαλος
lærer
χαρτί
papir
γράφω
skrive
στυλό
pen
γραφείο
skrivebord
χάρακας
lineal
βιβλίο
bog
μαθητής
elev

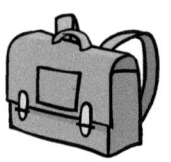

σχολική τσάντα

skoletaske

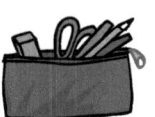

κασετίνα/ μολυβοθήκη

penalhus

μολύβι

blyant

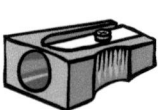

ξύστρα

blyantspidser

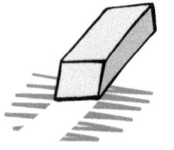

γόμα

viskelæder

μπλοκ ζωγραφικής

tegneblok

ζωγραφική

tegning

πινέλο

pensel

κουτί χρωμάτων

æske med vandfarver

ψαλίδι

saks

κόλλα

lim

τετράδιο ασκήσεων

opgavehefte

εργασία για το σπίτι

lektie

αριθμός

tal

προσθέτω

addere

αφαιρώ

subtrahere

πολλαπλασιάζω

multiplicere

υπολογίζω

regne

γράμμα

bogstav

αλφάβητο

alfabet

λέξη

ord

κείμενο

tekst

διαβάζω

læse

κιμωλία

kridt

μάθημα

time

εγγράφομαι

klasseprotokol

τεστ

eksamen

πιστοποιητικό

karakterbog

μαθητική στολή

skoleuniform

εκπαίδευση

uddannelse

εγκυκλοπαίδεια

leksikon

πανεπιστήμιο

universitet

μικροσκόπιο

mikroskop

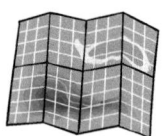

χάρτης

kort

καλάθι αχρήστων

papirkurv

ταξίδι
rejse

Grand
ξενοδοχείο
hotel
ξενώνας
herberg
ROOMS
ανταλλακτήρια συναλλάγματος
vekselkontor
βαλίτσα
kuffert
αυτοκίνητο
bil

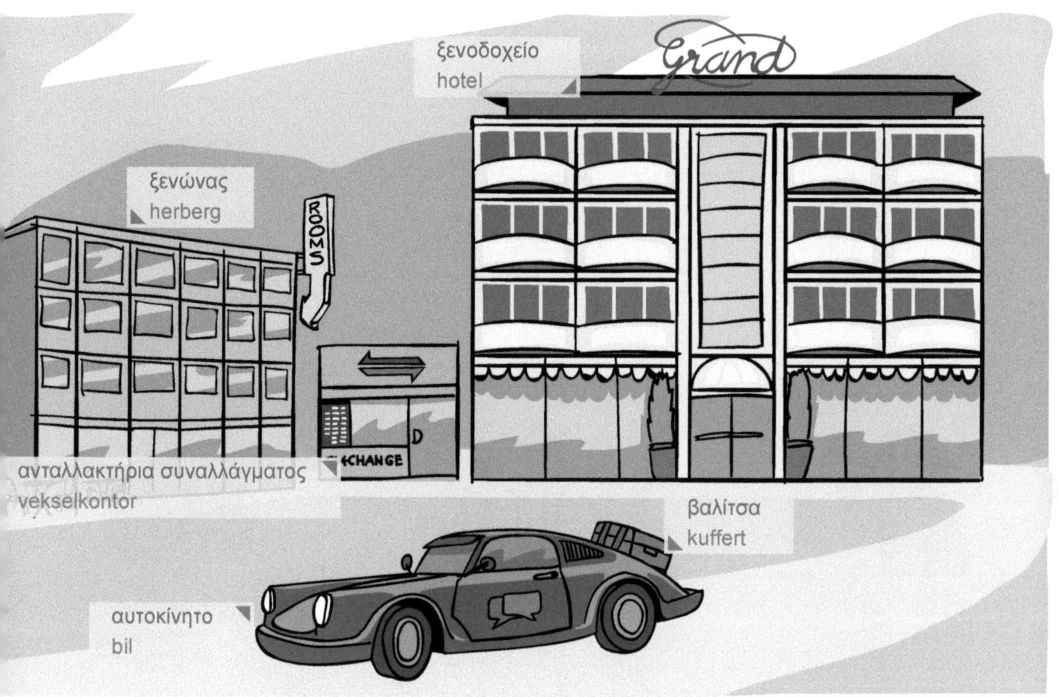

γλώσσα

sprog

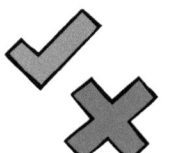

ναι / όχι

ja / nej

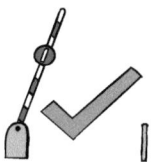

εντάξει

okay

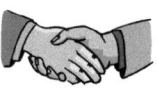

γεια σου

hej

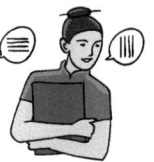

μεταφραστής

oversætter

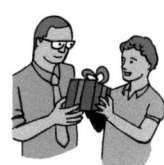

Ευχαριστώ

tak

πόσο κάνει ;

hvad koster...?

Δε καταλαβαίνω

Jeg forstår ikke

πρόβλημα

problem

Καλησπέρα!

God aften!

Καλημέρα!

God morgen!

Καληνύχτα!

God nat!

Αντίο

farvel

κατεύθυνση

retning

αποσκευές

bagage

τσάντα

taske

σακίδιο πλάτης

rygsæk

καλεσμένος

gæst

δωμάτιο

værelse

υπνόσακος

sovepose

σκηνή

telt

τουριστικές πληροφορίες

turistinformation

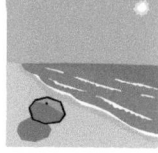

παραλία

strand

πιστωτική κάρτα

kreditkort

πρωινό

morgenmad

μεσημεριανό

middagsmad

δείπνο

aftensmad

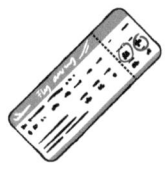

εισιτήριο

billet

ανελκυστήρας

elevator

γραμματόσημο

frimærke

σύνορα

grænse

τελωνείο

told

πρεσβεία

ambassade

βίζα

visum

διαβατήριο

pas

μεταφορά

transport

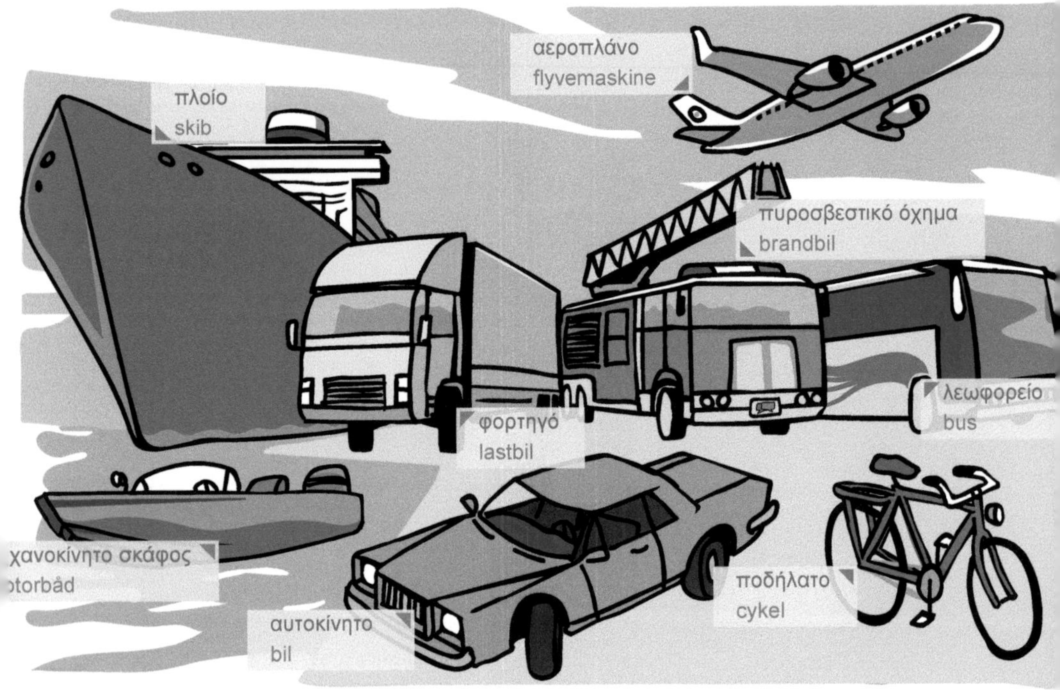

πλοίο
skib
αεροπλάνο
flyvemaskine
πυροσβεστικό όχημα
brandbil
λεωφορείο
bus
φορτηγό
lastbil
χανοκίνητο σκάφος
torbåd
ποδήλατο
cykel
αυτοκίνητο
bil

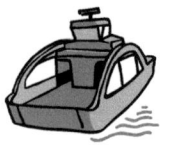

φεριμπότ

færge

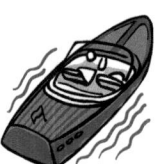

βάρκα

båd

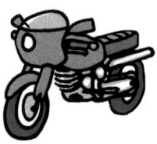

μοτοσικλέτα

motorcykel

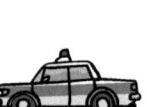

περιπολικό

politibil

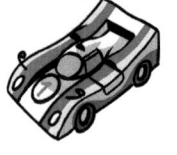

αγωνιστικό αυτοκίνητο

racerbil

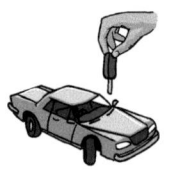

ενοικιαζόμενο αυτοκίνητο

lejebil

διαμοιρασμός αυτοκινήτων

samkørsel

γερανός

kranbil

απορριμματοφόρο

skraldebil

κινητήρας

motor

καύσιμο

benzin

βενζινάδικο

tankstation

πινακίδα σήμανσης

trafikskilt

κυκλοφορία

trafik

κυκλοφοριακή συμφόρηση

trafikprop

 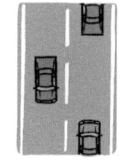 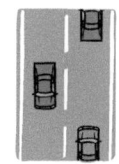 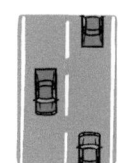

χώρος στάθμευσης

parkeringsplads

σιδηροδρομικός σταθμός

banegård

σιδηροδρομικές γραμμές

skinner

τρένο

tog

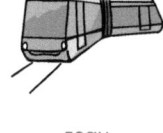 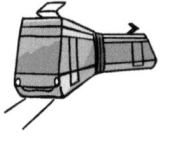 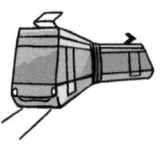

τραμ

sporvogn

βαγόνι

wagon

ελικόπτερο

helikopter

αεροδρόμιο

lufthavn

πύργος

tårn

επιβάτης

passager

εμπορευματοκιβώτιο

container

χαρτοκιβώτιο

karton

καρότσι

kærre

καλάθι

kurv

απογειώνομαι /
προσγειόνομαι

starte / lande

πόλη

by

χωριό

landsby

κέντρο της πόλης

bymidte

σπίτι

hus

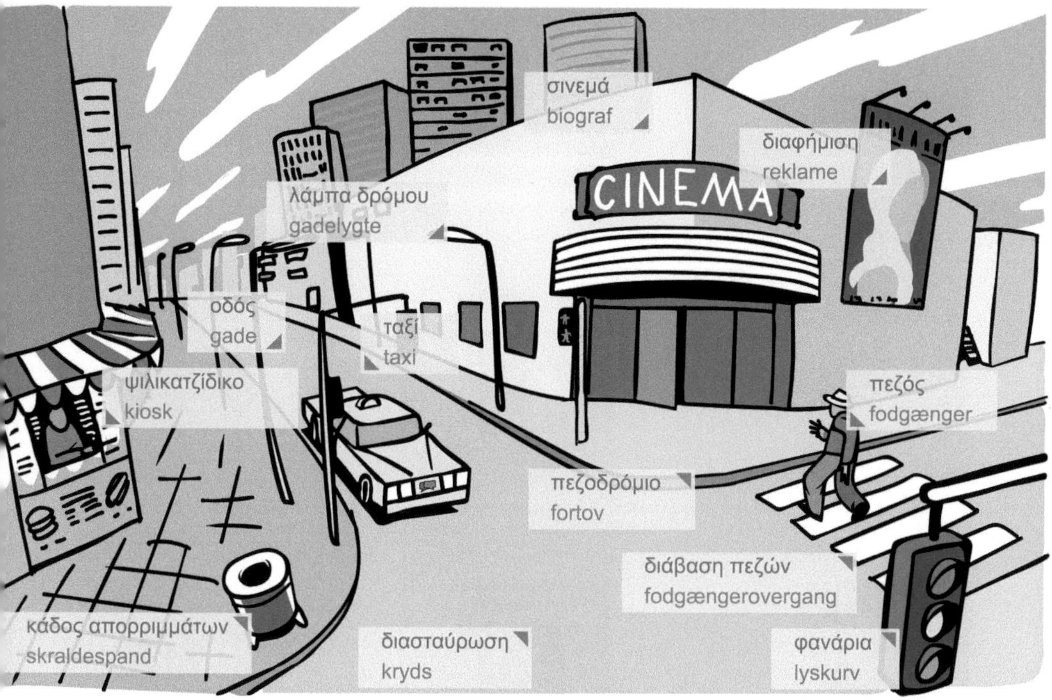

CINEMA
σινεμά
biograf
διαφήμιση
reklame
λάμπα δρόμου
gadelygte
οδός
gade
ταξί
taxi
ψιλικατζίδικο
kiosk
πεζός
fodgænger
πεζοδρόμιο
fortov
διάβαση πεζών
fodgængerovergang
κάδος απορριμμάτων
skraldespand
διασταύρωση
kryds
φανάρια
lyskurv

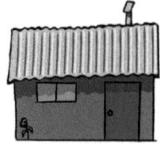

καλύβα

hytte

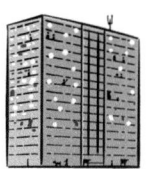

διαμέρισμα

lejlighed

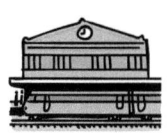

σιδηροδρομικός σταθμός

banegård

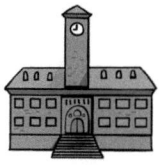

δημαρχείο

rådhus

MUSEUM

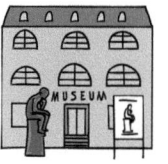

μουσείο

museum

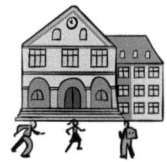

σχολείο

skole

πανεπιστήμιο

universitet

τράπεζα

bank

νοσοκομείο

sygehus

ξενοδοχείο

hotel

φαρμακείο

apotek

γραφείο

kontor

βιβλιοπωλείο

boghandel

κατάστημα

butik

ανθοπωλείο

blomsterbutik

σούπερ μάρκετ

supermarked

αγορά

marked

πολυκατάστημα

stormagasin

ιχθυοπωλείο

fiskehandler

εμπορικό κέντρο

butikscenter

λιμάνι

havn

πάρκο
park

παγκάκι
bænk

γέφυρα
bro

σκάλες
trappe

μετρό
undergrundsbane

τούνελ
tunnel

στάση λεωφορείου
busstoppested

μπαρ
barnevogn

εστιατόριο
restaurant

γραμματοκιβώτιο
postkasse

πινακίδα δρόμου
vejskilt

παρκόμετρο
parkometer

ζωολογικός κήπος
zoo

πισίνα
badeanstalt

τζαμί
moske

αγρόκτημα

bondegård

ρύπανση

miljøforurening

νεκροταφείο

kirkegård

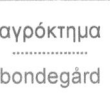

εκκλησία

kirke

παιδική χαρά

legeplads

ναός

tempel

τοπίο
landskab

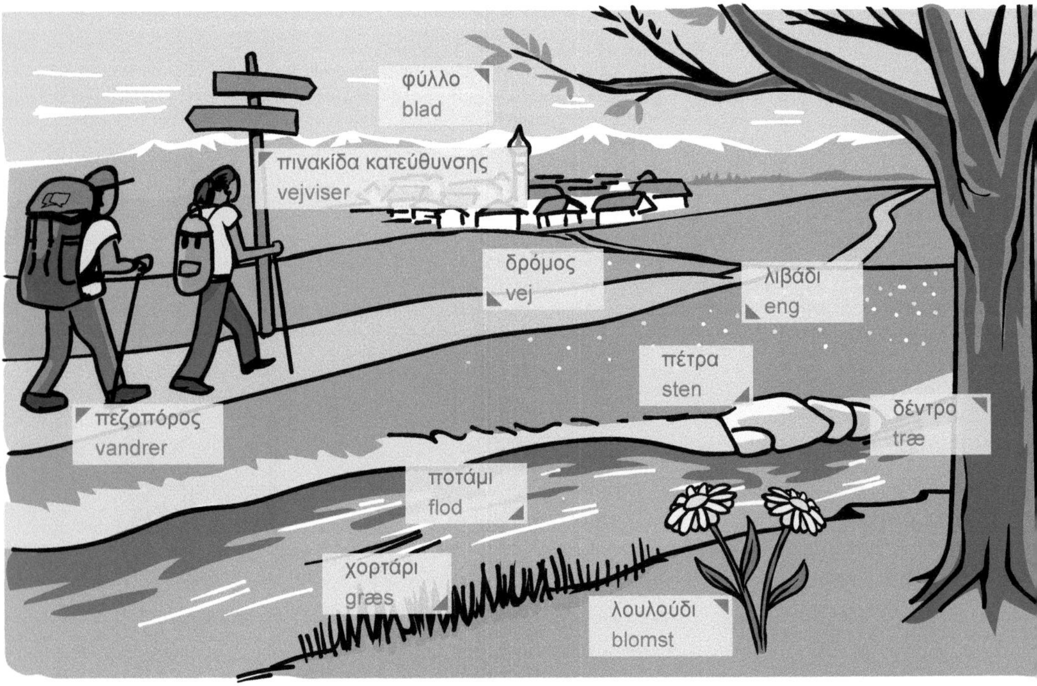

φύλλο
blad

πινακίδα κατεύθυνσης
vejviser

δρόμος
vej

λιβάδι
eng

πέτρα
sten

δέντρο
træ

πεζοπόρος
vandrer

ποτάμι
flod

χορτάρι
græs

λουλούδι
blomst

κοιλάδα

dal

λόφος

bjerg

λίμνη

sø

δάσος

skov

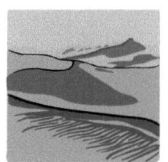

έρημος

ørken

ηφαίστειο

vulkan

κάστρο

slot

ουράνιο τόξο

regnbue

μανιτάρι

svamp

φοίνικας

palme

κουνούπι

moskito

μύγα

flue

μυρμήγκι

myre

μέλισσα

bi

αράχνη

edderkop

σκαθάρι

bille

βάτραχος

frø

σκίουρος

egern

σκαντζόχοιρος

pindsvin

λαγός

hare

κουκουβάγια

ugle

πουλί

fugl

κύκνος

svane

αγριογούρουνο

vildsvin

ελάφι

hjort

άλκη

elg

φράγμα

dæmning

ανεμογεννήτρια

vindmølle

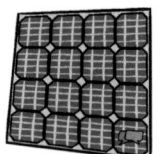

ηλιακός συλλέκτης

solcellemodul

κλίμα

klima

εστιατόριο
restaurant

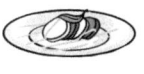

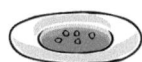

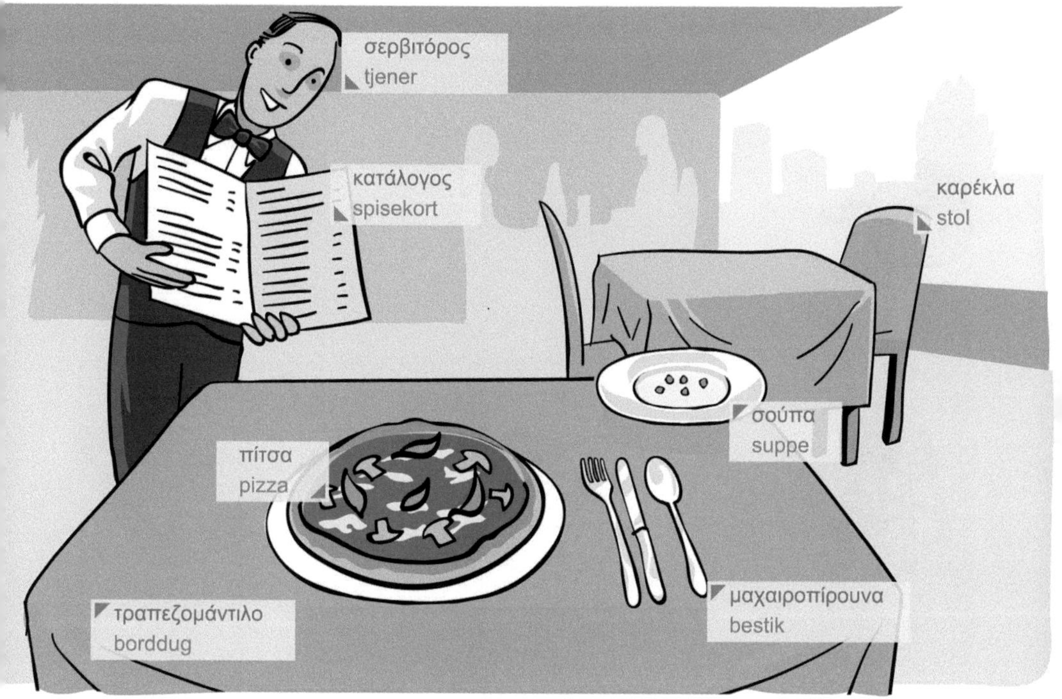
σερβιτόρος
tjener
κατάλογος
spisekort
καρέκλα
stol
σούπα
suppe
πίτσα
pizza
τραπεζομάντιλο
borddug
μαχαιροπίρουνα
bestik

ορεκτικό

forret

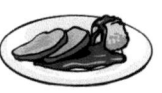

κύριο πιάτο

hovedret

επιδόρπιο

dessert

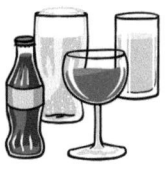

ποτά

drikkevarer

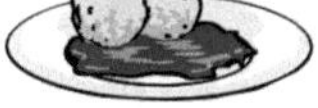

φαγητό

mad

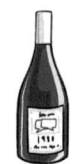

μπουκάλι

flaske

φαστ φουντ

fastfood

φαγητό στ' όρθιο

streetfood

τσαγιέρα

tekande

δοχείο ζάχαρης

sukkerdåse

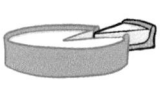

μερίδα

portion

μηχανή εσπρέσο

espressomaskine

ψηλή καρέκλα

barnestol

λογαριασμός

faktura

δίσκος

tablet

μαχαίρι

kniv

πιρούνι

gaffel

κουτάλι

ske

κουταλάκι του τσαγιού

teske

πετσέτα φαγητού

serviet

ποτήρι

glas

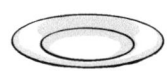

πιάτο

tallerken

πιάτο σούπας

dyb tallerken

πιατάκι φλιτζανιού

underkop

σάλτσα

sovs

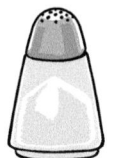

αλατιέρα

saltbøsse

μύλος για πιπέρι

peberkværn

ξύδι

eddike

λάδι

olie

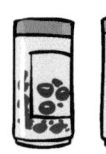

μπαχαρικά

krydderier

κέτσαπ

ketchup

μουστάρδα

sennep

μαγιονέζα

mayonnaise

σούπερ μάρκετ
supermarked

προσφορά
tilbud
FOR
πελάτης
kunde
γαλακτοκομικά προϊόντα
mælkeprodukter
φρούτα
frugt
καρότσι για ψώνια
indkøbsvogn

BUTCHERS

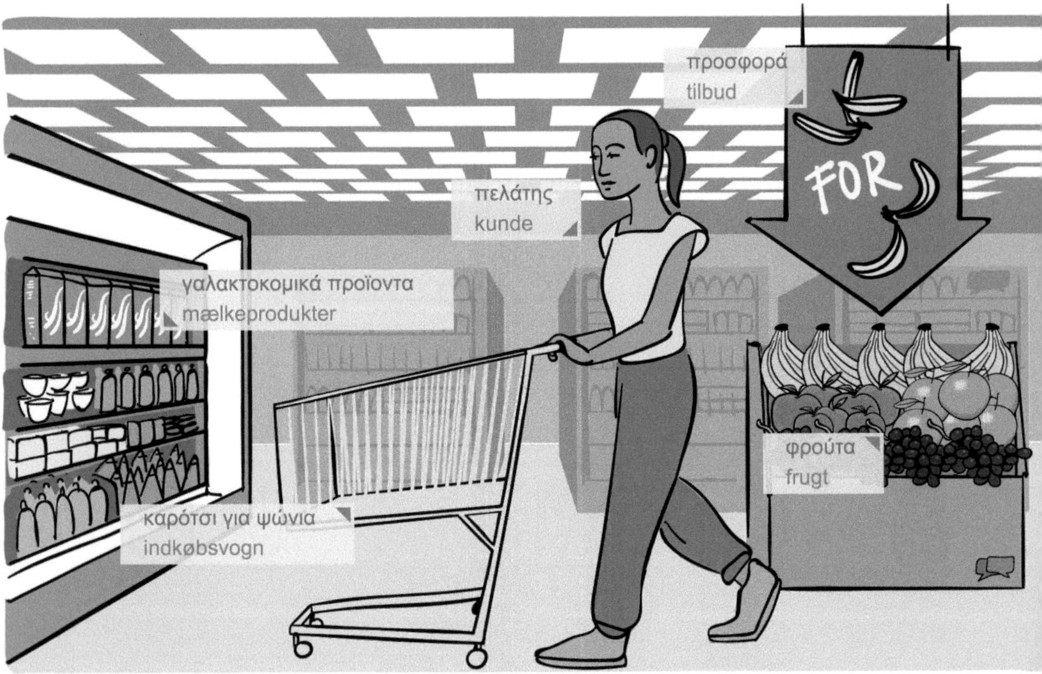

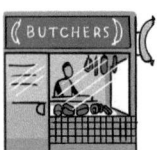

κρεοπωλείο

slagter

BAKERY

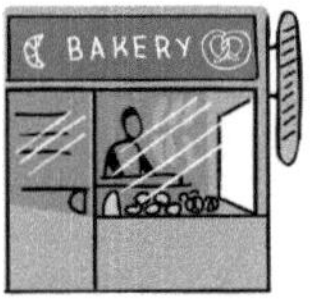

φούρνος

bageri

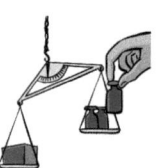

ζυγίζω

veje

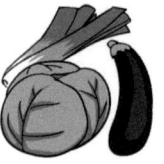

λαχανικά

grøntsager

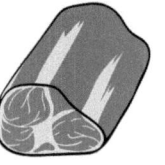

κρέας

kød

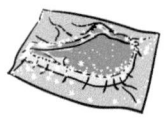

κατεψυγμένα τρόφιμα

frostvarer

αλλαντικά

pålæg

κονσερβοποιημένη τροφή

konserves

απορρυπαντικό ρούχων

vaskemiddel

γλυκά

slik

οικιακά είδη

husholdningsvarer

καθαριστικά προϊόντα

rengøringsmidler

πωλήτρια

ekspedient

ταμείο

kasse

ταμίας

kasserer

λίστα για ψώνια

indkøbsliste

ωράριο λειτουργίας

åbningstider

πορτοφόλι

tegnebog

πιστωτική κάρτα

kreditkort

τσάντα

taske

πλαστική σακούλα

plasticpose

νερό

vand

χυμός

saft

γάλα

mælk

κόκα κόλα

cola

κρασί

vin

μπίρα

øl

αλκοόλ

alkohol

κακάο

kakao

τσάι

te

καφές

kaffe

εσπρέσο

espresso

καπουτσίνο

cappuccino

μπανάνα

banan

μήλο

æble

πορτοκάλι

appelsin

πεπόνι

melon

λεμόνι

citron

καρότο

gulerod

σκόρδο

hvidløg

μπαμπού

bambus

κρεμμύδι

løg

μανιτάρι

svamp

ξηροί καρποί

nødder

νουντλς

nudler

μακαρόνια

spaghetti

ρύζι

ris

σαλάτα

salat

πατατάκια

pomfritter

τηγανητές πατάτες

stegte kartofler

πίτσα

pizza

χάμπουργκερ

hamburger

σάντουιτς

sandwich

κοτολέτα

schnitzel

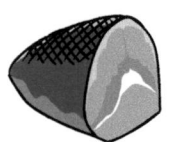

ζαμπόν

skinke

σαλάμι

salami

λουκάνικο

pølse

κοτόπουλο

kylling

ψητό

steg

ψάρι

fisk

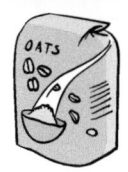

χυλός βρώμης

havregryn

μούσλι

mysli

κορν φλέικς

cornflakes

αλεύρι

mel

κρουασάν

croissant

ψωμάκι

rundstykke

ψωμί

brød

τοστ

toast

μπισκότα

kiks

βούτυρο

smør

τυρόπηγμα

kvark

κέικ

kage

αυγό

æg

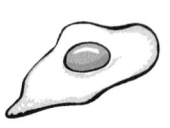

τηγανητό αυγό

spejlæg

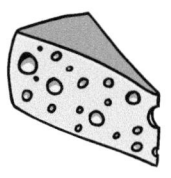

τυρί

ost

παγωτό

is

ζάχαρη

sukker

μέλι

honning

μαρμελάδα

marmelade

άλλειμμα σοκολάτας

nougat-creme

κάρυ

karry

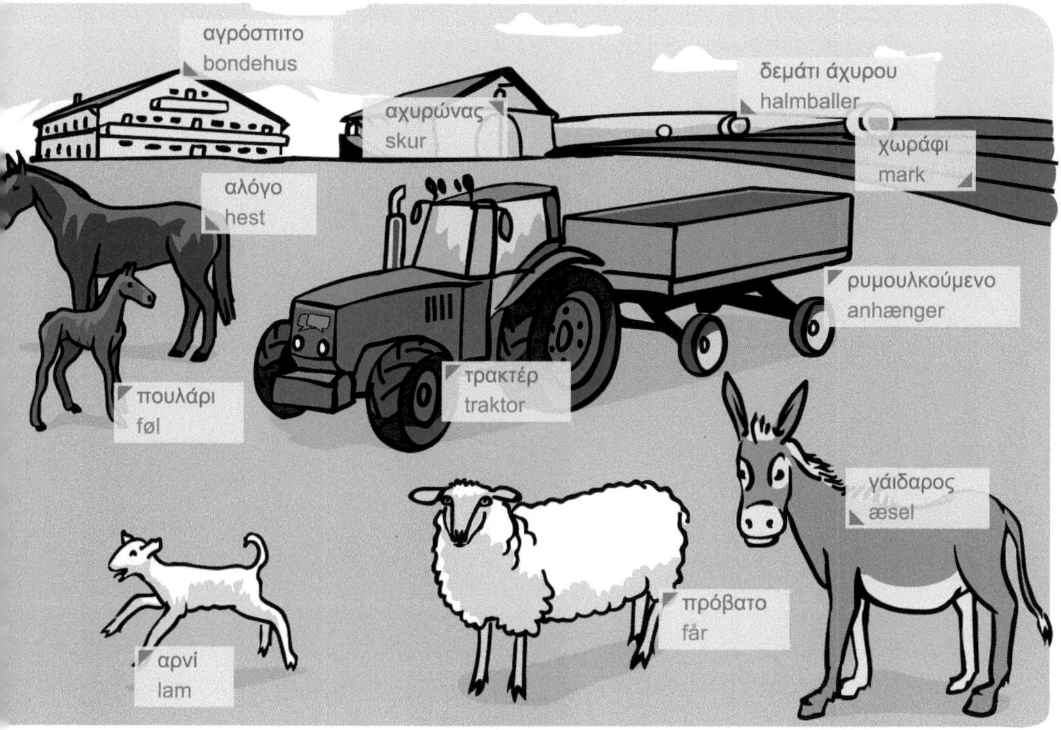

αγρόσπιτο
bondehus

αχυρώνας
skur

δεμάτι άχυρου
halmballer

χωράφι
mark

αλόγο
hest

ρυμουλκούμενο
anhænger

πουλάρι
føl

τρακτέρ
traktor

γάιδαρος
æsel

πρόβατο
får

αρνί
lam

κατσίκα
ged

αγελάδα
ko

μοσχαράκι
kalv

γουρούνι
svin

γουρουνάκι
gris

ταύρος
tyr

χήνα
gås

πάπια
and

κοτοπουλάκι
kylling

κότα
høne

κόκορας
hane

αρουραίος
rotte

γάτα
kat

ποντίκι
mus

βόδι
okse

σκύλος
hund

σπιτάκι σκύλου
hundehus

λάστιχο κήπου
haveslange

ποτιστήρι
vandkande

θεριστήρι
le

αλέτρι
plov

δρεπάνι

segl

τσάπα

hakkejern

δίκρανο

møggreb

τσεκούρι

økse

χειράμαξα

trillebør

ταΐστρα

trug

δοχείο γάλακτος

mælkekande

σάκος

sæk

φράχτης

hæk

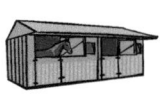

στάβλος

stald

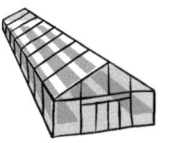

θερμοκήπιο

drivhus

έδαφος

jord

σπόρος

frø

λίπασμα

gødning

θεριζοαλωνιστική μηχανή

mejetærsker

αγρόκτημα - bondegård

θερίζω
høste

συγκομιδή
høst

γιαμς
yams

σιτάρι
hvede

σόγια
soja

πατάτα
kartoffel

καλαμπόκι
majs

κράμβη
raps

οπωροφόρο δέντρο
frugttræ

μανιόκα
maniok

δημητριακά
korn

αγρόκτημα - bondegård

σπίτι
hus

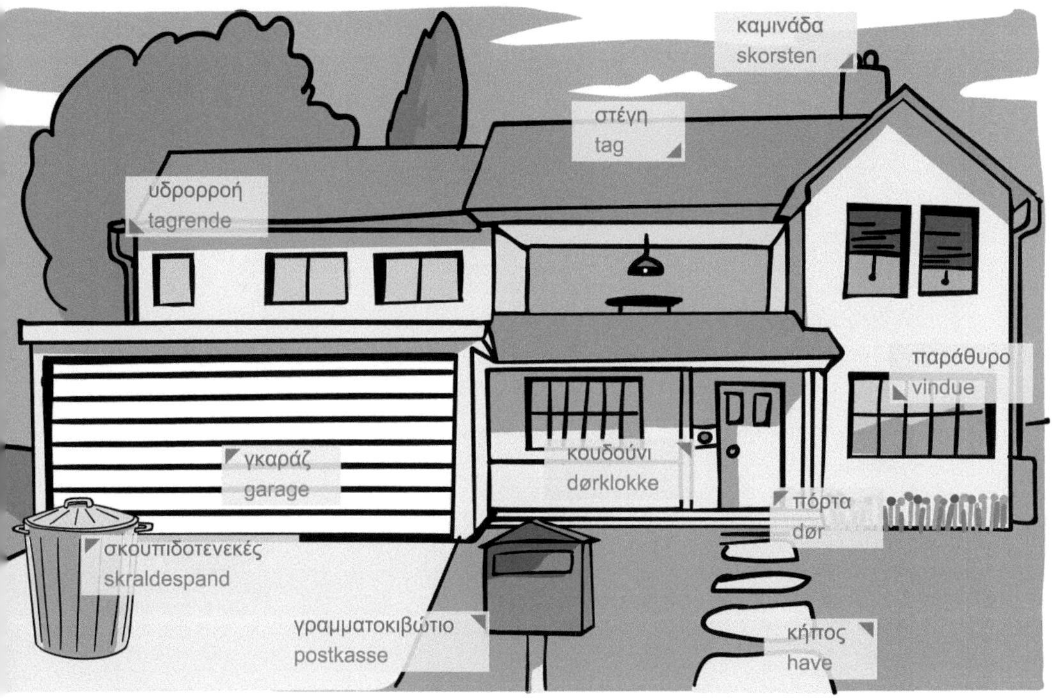
καμινάδα
skorsten
στέγη
tag
υδρορροή
tagrende
παράθυρο
vindue
γκαράζ
garage
κουδούνι
dørklokke
πόρτα
dør
σκουπιδοτενεκές
skraldespand
γραμματοκιβώτιο
postkasse
κήπος
have

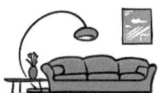

σαλόνι
stue

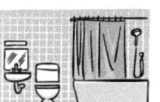

μπάνιο
badeværelse

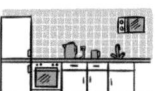

κουζίνα
køkken

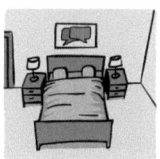

υπνοδωμάτιο
soveværelse

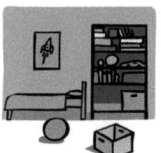

παιδικό δωμάτιο
børneværelse

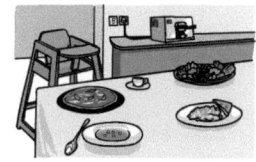

τραπεζαρία
spisestue

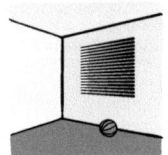

πάτωμα

gulv

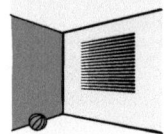

τοίχος

væg

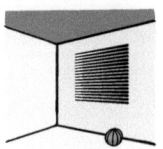

οροφή

loft

κελάρι

kælder

σάουνα

sauna

μπαλκόνι

altan

βεράντα

terrasse

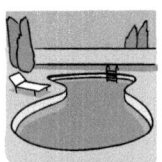

πισίνα

svømmehal

μηχανή του γκαζόν

plæneklipper

σεντόνι

dynebetræk

κάλυμμα κρεβατιού

dyne

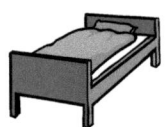

κρεβάτι

seng

σκούπα

kost

κουβάς

spand

διακόπτης

kontakt

σαλόνι

stue

ταπετσαρία
tapet
φωτογραφία
billede
λάμπα
lampe
ράφι
reol
ντουλάπι
skab
τηλεόραση
fjernsyn
τζάκι
pejs
λουλούδι
blomst
μαξιλάρι
pude
καναπές
sofa
βάζο
vase
τηλεκοντρόλ
fjernbetjening

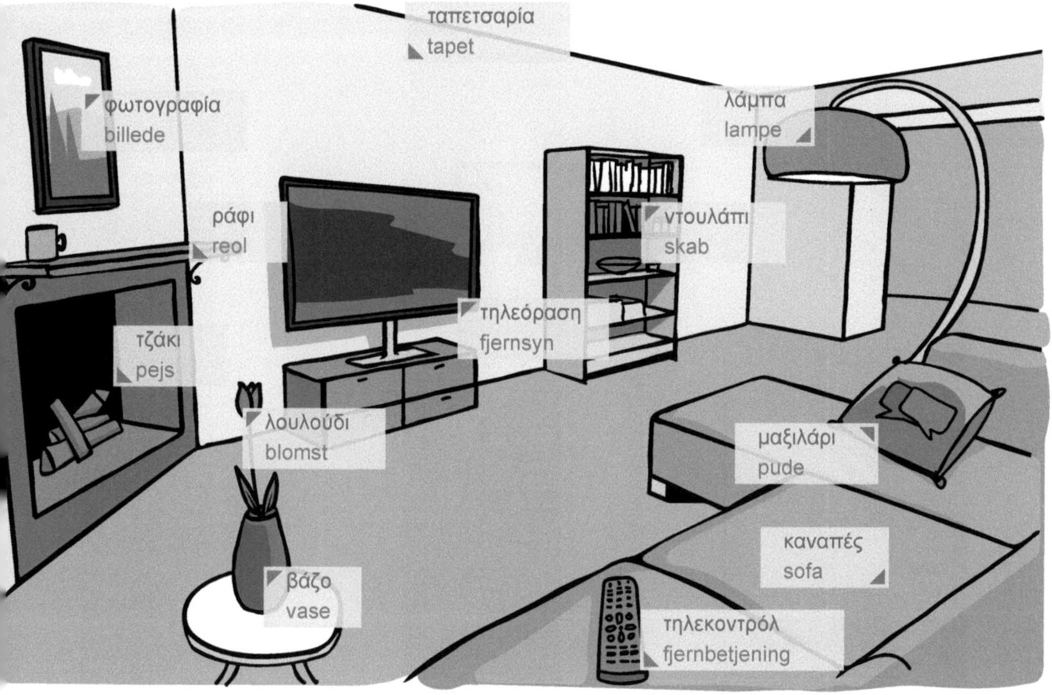

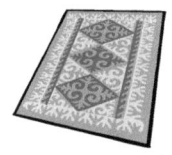

χαλί

gulvtæppe

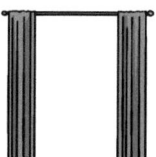

κουρτίνα

gardin

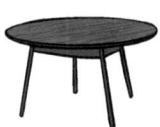

τραπέζι

bord

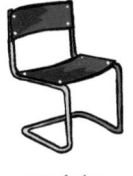

καρέκλα

stol

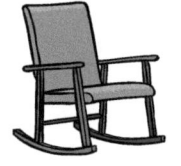

κουνιστή πολυθρόνα

gyngestol

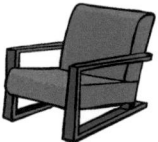

πολυθρόνα

lænestol

βιβλίο

bog

κουβέρτα

tæppe

διακόσμηση

dekoration

καυσόξυλα

brænde

ταινία

film

στερεοφωνικό σύστημα

stereoanlæg

κλειδί

nøgle

εφημερίδα

avis

πίνακας ζωγραφικής

maleri

αφίσα

plakat

ραδιόφωνο

radio

σημειωματάριο

notesblok

ηλεκτρική σκούπα

støvsuger

κάκτος

kaktus

κερί

lys

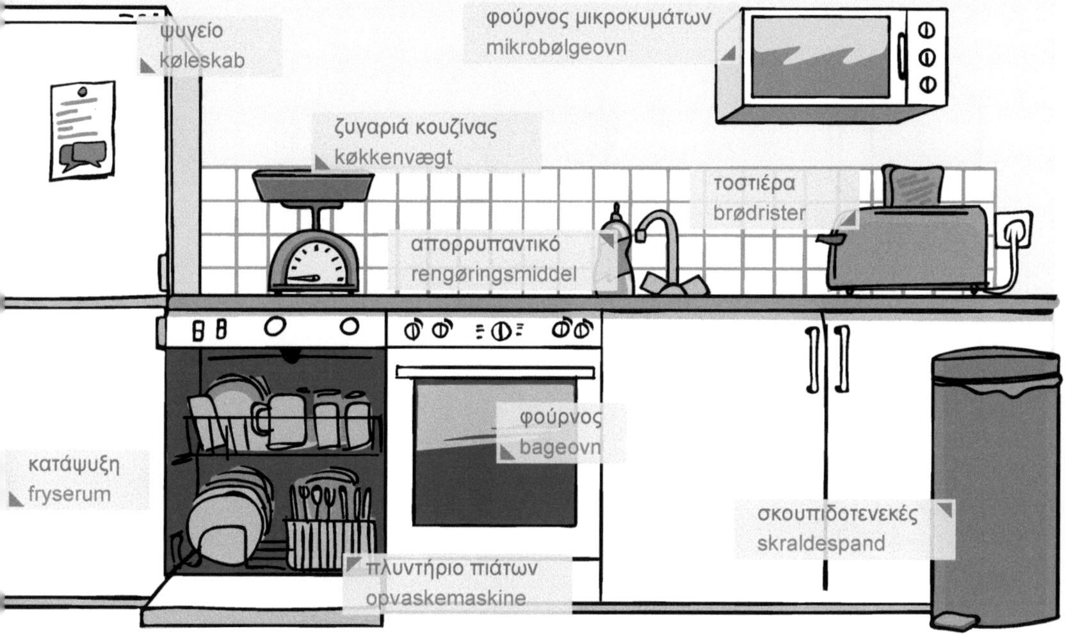

ψυγείο
køleskab

φούρνος μικροκυμάτων
mikrobølgeovn

ζυγαριά κουζίνας
køkkenvægt

τοστιέρα
brødrister

απορρυπαντικό
rengøringsmiddel

κατάψυξη
fryserum

φούρνος
bageovn

σκουπιδοτενεκές
skraldespand

πλυντήριο πιάτων
opvaskemaskine

κουζίνα

komfur

κατσαρόλα

gryde

μαντεμένια κατσαρόλα

jerngryde

γουόκ/καντάι

wok / kadai

τηγάνι

pande

βραστήρας

elkedel

ατμομάγειρας

dampkoger

ταψί

bageplade

πιατικά

service

κούπα

bæger

μπολ

skål

ξυλάκια

spisepinde

κουτάλα

øseske

σπάτουλα

paletkniv

ανακατεύω

piskeris

σουρωτήρι

dørslag

σουρωτηράκι

si

τρίφτης

rive

γουδί

morter

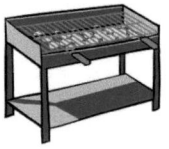

ψησταριά

grille

ανοιχτή φωτιά

ildsted

σανίδα κοπής

skærebræt

πλάστης

kagerulle

ανοιχτήρι φελλών

proptrækker

κονσέρβα

dåse

ανοιχτήρι κονσέρβας

dåseåbner

γάντι φούρνου

grydelap

νεροχύτης

køkkenvask

βούρτσα

børste

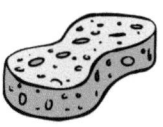

σφουγγάρι

svamp

μπλέντερ

blender

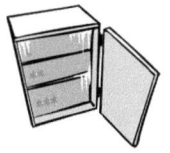

καταψύκτης

dybfryser

μπιμπερό

sutteflaske

βρύση

vandhane

μπάνιο

badeværelse

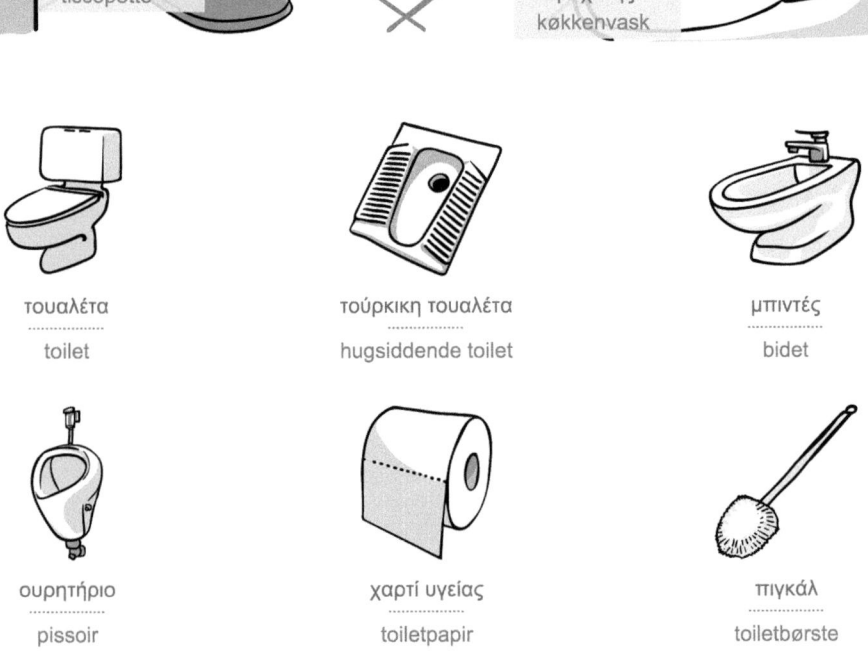

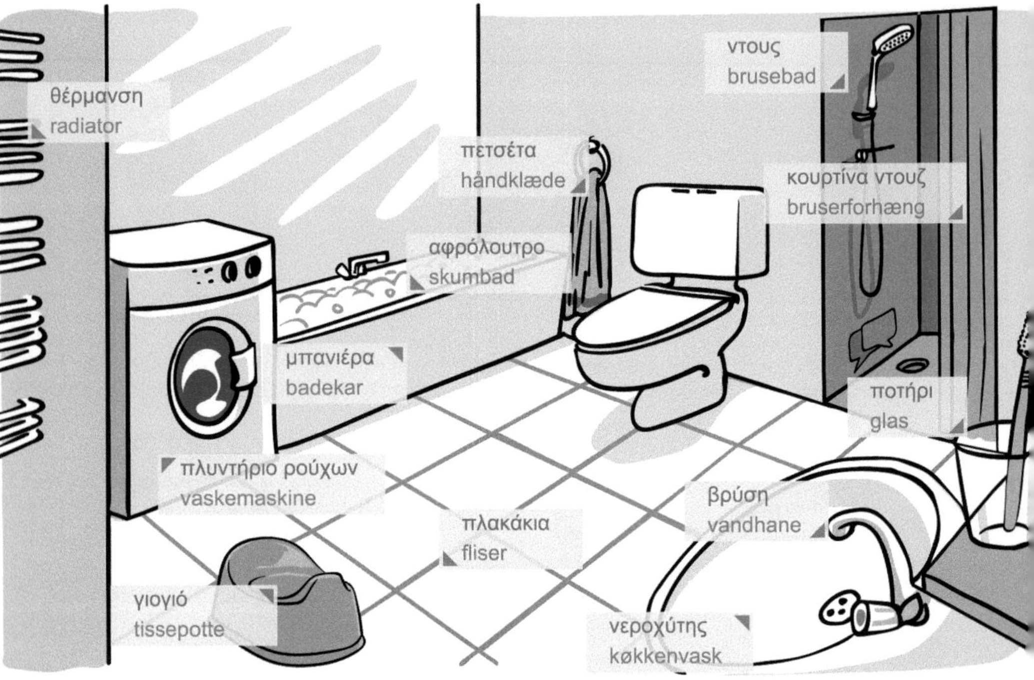

θέρμανση
radiator
πετσέτα
håndklæde
ντους
brusebad
κουρτίνα ντουζ
bruserforhæng
αφρόλουτρο
skumbad
μπανιέρα
badekar
ποτήρι
glas
πλυντήριο ρούχων
vaskemaskine
βρύση
vandhane
πλακάκια
fliser
γιογιό
tissepotte
νεροχύτης
køkkenvask

τουαλέτα

toilet

τούρκικη τουαλέτα

hugsiddende toilet

μπιντές

bidet

ουρητήριο

pissoir

χαρτί υγείας

toiletpapir

πιγκάλ

toiletbørste

οδοντόβουρτσα

tandbørste

οδοντόκρεμα

tandpasta

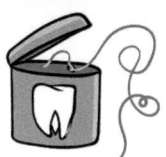

οδοντικό νήμα

tandtråd

πλένω

vaske

τηλέφωνο ντους

håndbruser

ντουσιέρα

intimbruser

λεκάνη

vaskefad

βούρτσα πλάτης

badebørste

σαπούνι

sæbe

αφρόλουτρο

brusegele

σαμπουάν

shampoo

φανέλα

vaskeklud

σιφόνι

afløb

κρέμα

creme

αποσμητικό

deodorant

καθρέφτης

spejl

καθρέφτης χειρός

kosmetikspejl

ξυραφάκι

barberhøvl

αφρός ξυρίσματος

barberskum

αφτερσέιβ

barbervand

χτένα

kam

βούρτσα

børste

σεσουάρ

hårtørrer

λακ

hårspray

μακιγιάζ

makeup

κραγιόν

læbestift

βερνίκι νυχιών

neglelak

βαμβάκι

vat

ψαλίδι νυχιών

neglesaks

άρωμα

parfume

νεσεσέρ

toilettaske

σκαμπό

skammel

ζυγαριά

vægt

μπουρνούζι

badekåbe

ελαστικά γάντια

gummihandsker

ταμπόν

tampon

πετσέτα υγιεινής

damebind

χημική τουαλέτα

kemisk toilet

παιδικό δωμάτιο
børneværelse

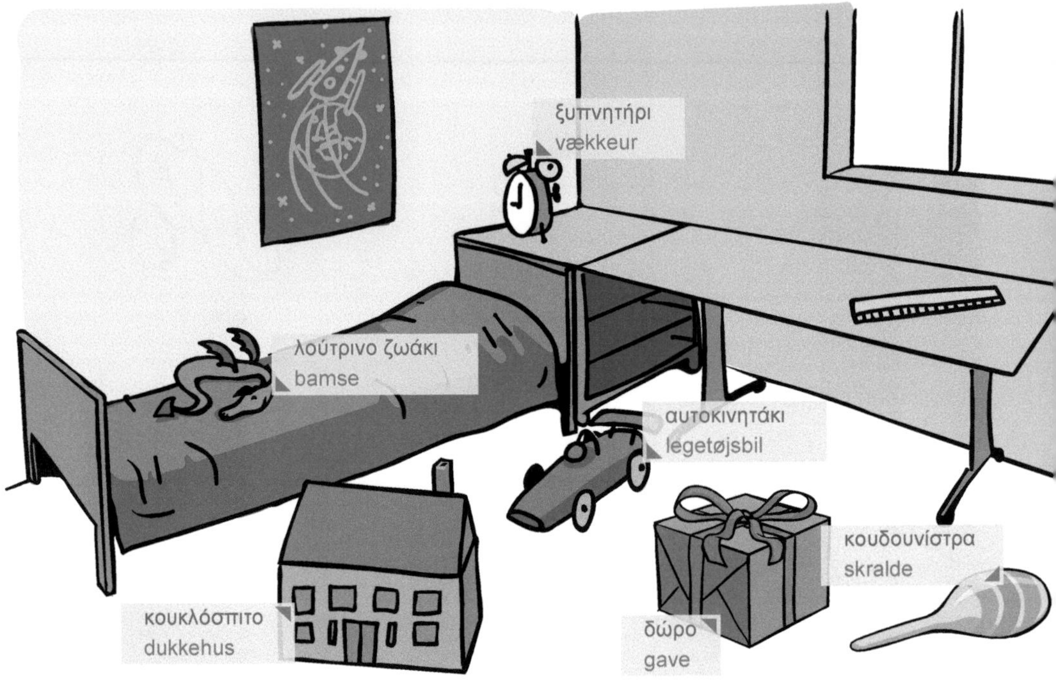
ξυπνητήρι
vækkeur
λούτρινο ζωάκι
bamse
αυτοκινητάκι
legetøjsbil
κουδουνίστρα
skralde
κουκλόσπιτο
dukkehus
δώρο
gave

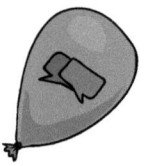

μπαλόνι
ballon

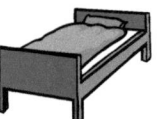

κρεβάτι
seng

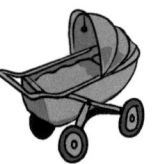

καροτσάκι
barnevogn

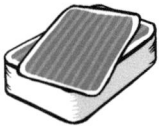

τράπουλα
kortspil

παζλ
puslespil

SUPER
MEGA

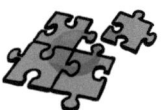

κόμικς
tegneserie

τουβλάκια lego

legoklodser

τουβλάκια κατασκευών

byggeklodser

φιγούρα δράσης

action figur

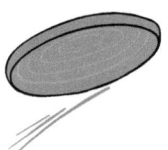

βρεφικό φορμάκι

sparkedragt

φρίσμπι

frisbee

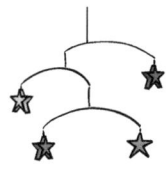

μόμπιλο

uro

επιτραπέζιο παιχνίδι

brætspil

ζάρια

terning

σετ τρενάκι

modeljernbane

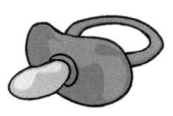

πιπίλα

sut

πάρτι

fest

εικονογραφημένο βιβλίο

billedbog

μπάλα

bold

κούκλα

dukke

παίζω

lege

σκάμμα με άμμο

sandkasse

κούνια

gynge

παιχνίδια

legetøj

κονσόλα βιντεοπαιχνιδιών

spillekonsol

τρίκυκλο

trehjulet cykel

αρκουδάκι

bamse

ντουλάπα

klædeskab

ρούχα

tøj

κάλτσες

sokker

καλτσοδέτες

strømper

καλσόν

strømpebukser

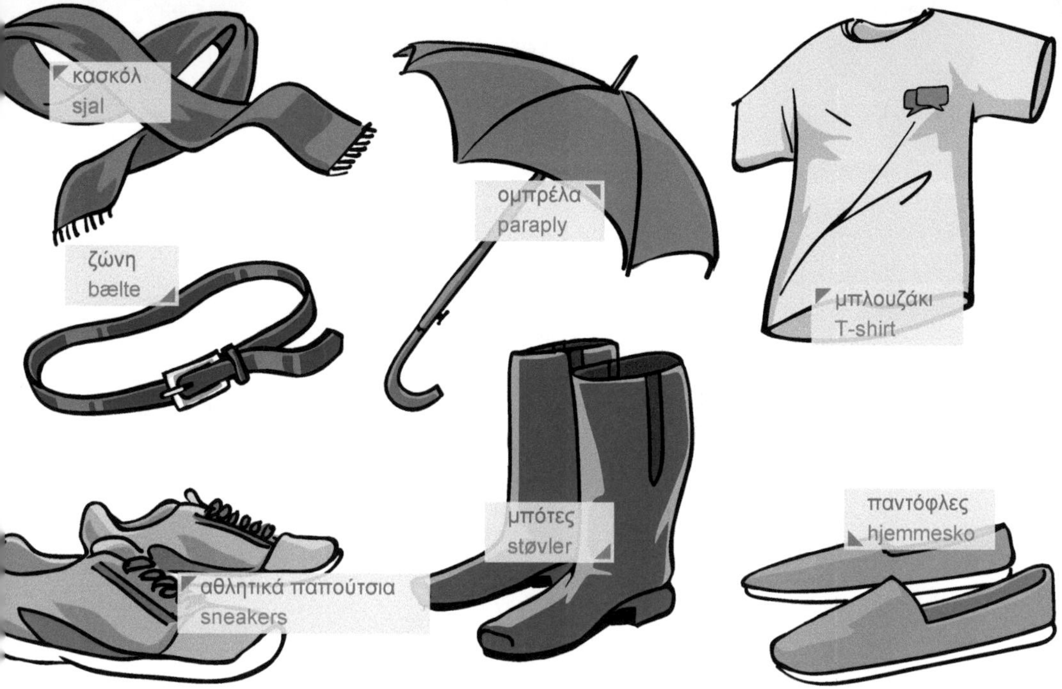

κασκόλ
sjal

ομπρέλα
paraply

μπλουζάκι
T-shirt

ζώνη
bælte

μπότες
støvler

παντόφλες
hjemmesko

αθλητικά παπούτσια
sneakers

σανδάλια
sandaler

παπούτσια
sko

γαλότσες
gummistøvler

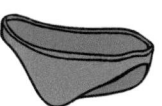

εσώρουχο
underbukser

σουτιέν
BH

φανέλα
undertrøje

σώμα

body

παντελόνι

bukser

τζιν παντελόνι

jeans

φούστα

nederdel

μπλούζα

bluse

πουκάμισο

skjorte

πουλόβερ

pullover

πουλόβερ

sweatshirt

σακάκι

blazer

μπουφάν

jakke

παλτό

frakke

αδιάβροχο πανωφόρι

regnfrakke

κοστούμι

kostume

φόρεμα

kjole

νυφικό

brudekjole

κοστούμι

jakkesæt

νυχτικό

nattrøje

πιτζάμες

pyjamas

σάρι

sari

μαντήλι

hovedtørklæde

τουρμπάνι

turban

μπούρκα

burka

καφτάνι

kaftan

μουσουλμανικό ένδυμα

abaya

ολόσωμο μαγιό

badedragt

ανδρικό μαγιό

badebukser

σορτς

korte bukser

αθλητική φόρμα

træningsdragt

ποδιά

forklæde

γάντια

handsker

ρούχα - tøj

κουμπί

knap

γυαλιά

briller

βραχιόλι

armbånd

περιδέραιο

kæde

δαχτυλίδι

ring

σκουλαρίκι

ørering

καπέλο

hue

κρεμάστρα

bøjle

καπέλο

hat

γραβάτα

slips

φερμουάρ

lynlås

κράνος

hjelm

τιράντες

seler

μαθητική στολή

skoleuniform

στολή

uniform

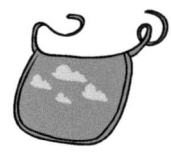

σαλιάρα

hagesmæk

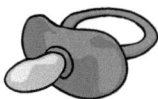

πιπίλα

sut

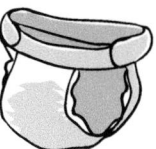

πάνα

ble

γραφείο
kontor

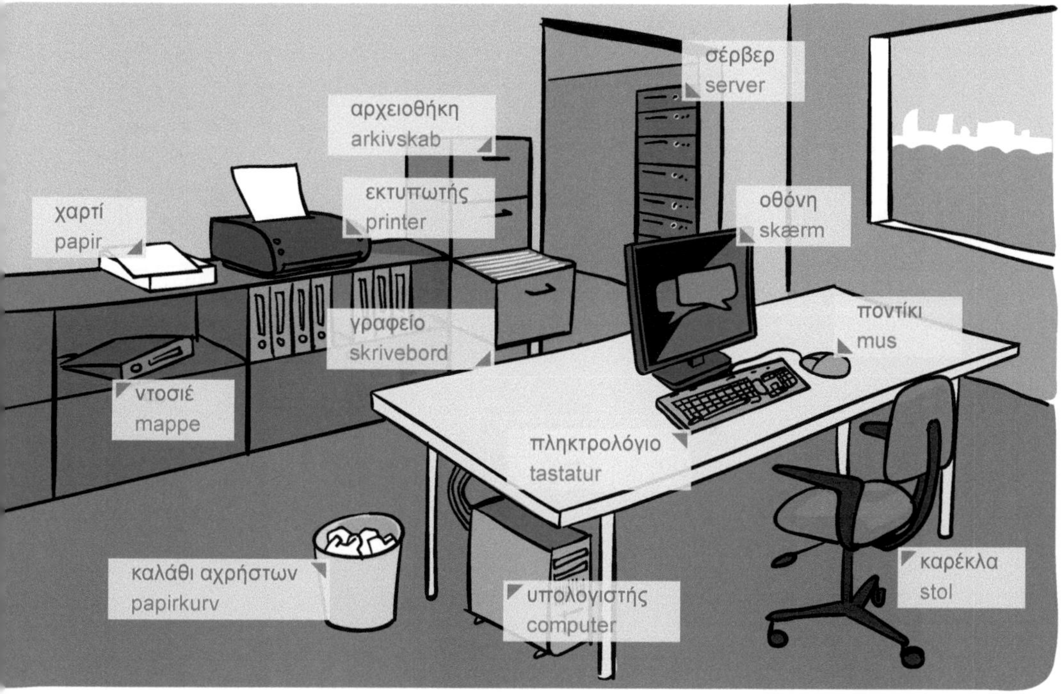

σέρβερ
server
αρχειοθήκη
arkivskab
χαρτί
papir
εκτυπωτής
printer
οθόνη
skærm
ποντίκι
mus
γραφείο
skrivebord
ντοσιέ
mappe
πληκτρολόγιο
tastatur
καλάθι αχρήστων
papirkurv
καρέκλα
stol
υπολογιστής
computer

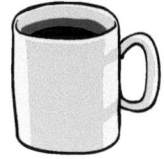

κούπα του καφέ

kaffekrus

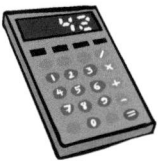

κομπιουτεράκι

lommeregner

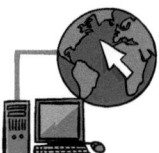

ίντερνετ

internet

λάπτοπ

bærbar

γράμμα

brev

μήνυμα

besked

κινητό

mobil

δίκτυο

netværk

φωτοτυπικό μηχάνημα

kopimaskine

λογισμικό

software

τηλέφωνο

telefon

πρίζα

stikdåse

συσκευή φαξ

fax

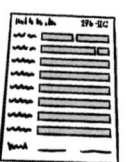

έντυπο

formular

έγγραφο

dokument

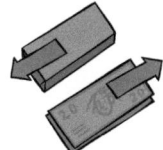

αγοράζω
købe

πληρώνω
betale

συναλλάσσομαι
handle

χρήματα
penge

δολάριο
dollar

ευρώ
euro

γιεν
yen

ρούβλι
rubel

ελβετικό φράγκο
schweizerfranc

ρενμίνμπι γιουάν
renminbi yuan

ρουπία
rupee

ATM (αυτόματη ταμειακή μηχανή)
hæveautomat

ανταλλακτήρια
συναλλάγματος

vekselkontor

χρυσός

guld

ασήμι

sølv

πετρέλαιο

olie

ενέργεια

energi

τιμή

pris

συμβόλαιο

kontrakt

φόρος

skat

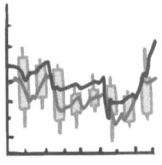

μετοχή

aktie

δουλεύω

arbejde

υπάλληλος

ansat

εργοδότης

arbejdsgiver

εργοστάσιο

fabrik

κατάστημα

butik

επαγγέλματα

erhverv

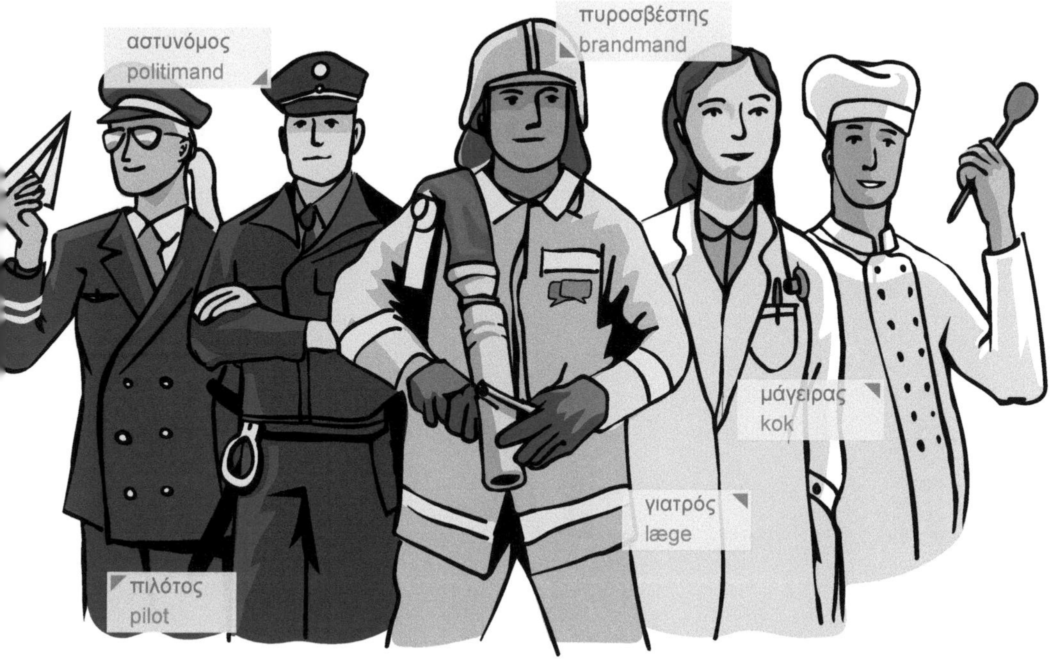

αστυνόμος
politimand
πυροσβέστης
brandmand
μάγειρας
kok
γιατρός
læge
πιλότος
pilot

κηπουρός

gartner

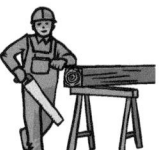

ξυλουργός

tømrer

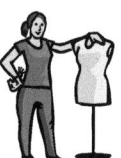

μοδίστρα

syerske

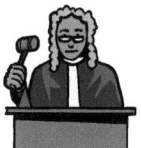

δικαστής

dommer

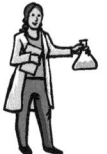

χημικός

kemiker

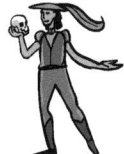

ηθοποιός

skuespiller

οδηγός λεωφορείου

buschauffør

ταξιτζής

taxachauffør

ψαράς

fisker

καθαρίστρια

rengøringskone

τεχνίτης στεγών

tagdækker

σερβιτόρος

tjener

κυνηγός

jæger

ζωγράφος

maler

αρτοποιός

bager

ηλεκτρολόγος

elektriker

οικοδόμος

bygningsarbejder

μηχανολόγος

ingeniør

κρεοπώλης

slagter

υδραυλικός

vvs-mand

ταχυδρόμος

postbud

στρατιώτης

soldat

αρχιτέκτονας

arkitekt

ταμίας

kasserer

ανθοπώλης

blomsterhandler

κομμωτής

frisør

ελεγκτής εισιτηρίων

togfører

μηχανικός

mekaniker

καπετάνιος

kaptajn

οδοντίατρος

tandlæge

επιστήμονας

videnskabsmand

ραβίνος

rabbiner

ιμάμης

imam

μοναχός

munk

ιερέας

præst

εργαλεία
værktøj

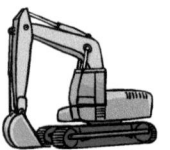

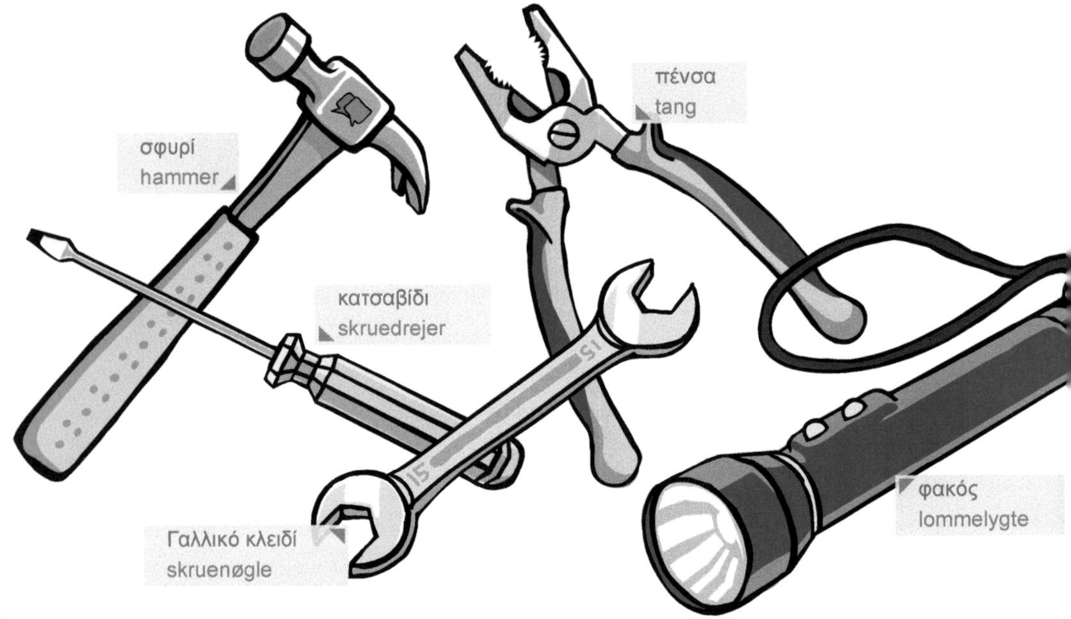
πένσα
tang
σφυρί
hammer
κατσαβίδι
skruedrejer
Γαλλικό κλειδί
skruenøgle
φακός
lommelygte

εκσκαφέας

gravemaskine

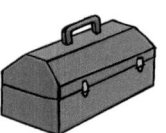

εργαλειοθήκη

værktøjskasse

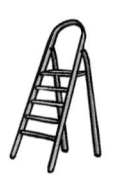

σκάλα

stige

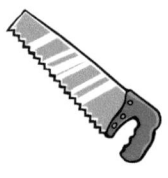

πριόνι

sav

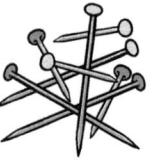

καρφιά

søm

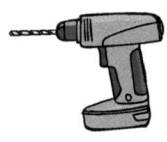

τρυπάνι

bor

επισκευάζω

reparere

φτυάρι

skovl

Να πάρει!

Lort!

φαράσι

fejebakke

δοχείο χρωμάτων

malerspand

βίδες

skruer

μουσικά όργανα
musikinstrumenter

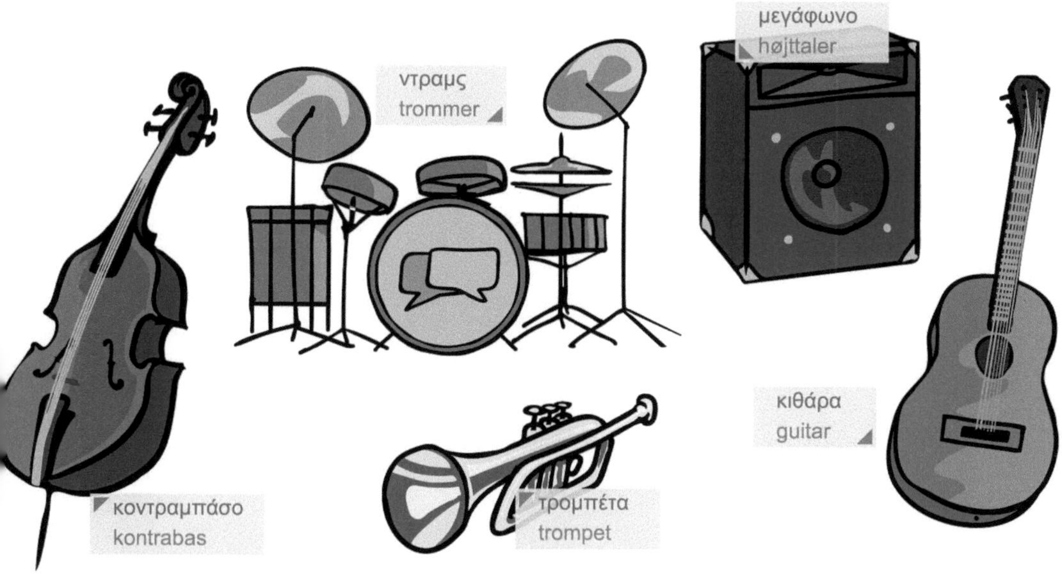

μεγάφωνο
højttaler

ντραμς
trommer

κοντραμπάσο
kontrabas

τρομπέτα
trompet

κιθάρα
guitar

πιάνο

klaver

βιολί

violin

μπάσο

bas

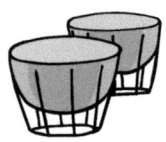

τύμπανα

pauke

τύμπανο

tromme

πλήκτρα

keyboard

σαξόφωνο

saxofon

φλάουτο

fløjte

μικρόφωνο

mikrofon

ζωολογικός κήπος

zoo

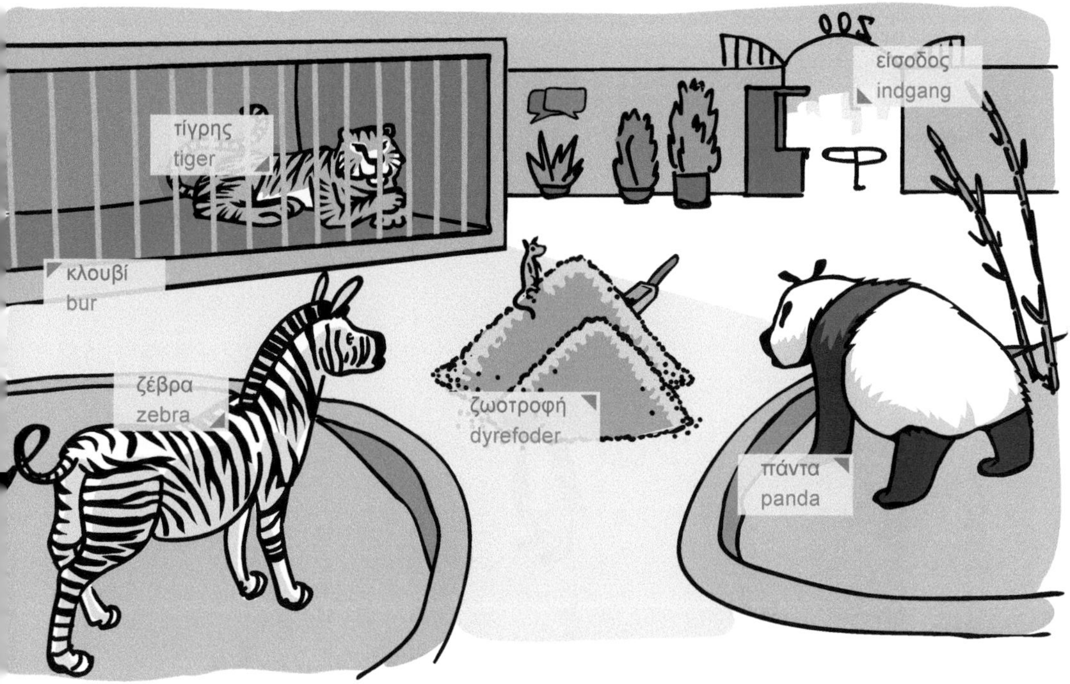

τίγρης
tiger
κλουβί
bur
είσοδος
indgang
ζέβρα
zebra
ζωοτροφή
dyrefoder
πάντα
panda

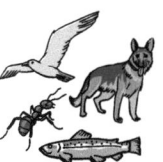

ζώα
dyr

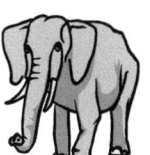

ελέφαντας
elefant

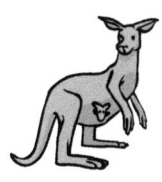

καγκουρό
kænguru

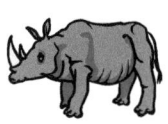

ρινόκερος
næsehorn

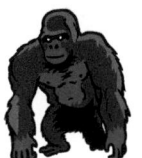

γορίλας
gorilla

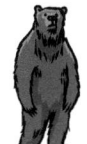

αρκούδα
bjørn

καμήλα

kamel

στρουθοκάμηλος

struds

λιοντάρι

løve

πίθηκος

abe

φλαμίνγκο

flamingo

παπαγάλος

papegøje

πολική αρκούδα

isbjørn

πιγκουίνος

pingvin

καρχαρίας

haj

παγώνι

påfugl

φίδι

slange

κροκόδειλος

krokodille

φύλακας ζωολογικού κήπου

dyrepasser

φώκια

sæl

τζάγκουαρ

jaguar

πόνυ

pony

λεοπάρδαλη

leopard

ιπποπόταμος

flodhest

καμηλοπάρδαλη

giraf

αετός

ørn

αγριογούρουνο

vildsvin

ψάρι

fisk

χελώνα

skildpadde

θαλάσσιος ίππος

hvalros

αλεπού

ræv

γαζέλα

gazelle

Αμερικάνικο ποδόσφαιρο
amerikansk football

ποδηλασία
cykling

αντισφαίριση
tennis

μπάσκετ
basketball

κολύμβηση
svømning

πυγμαχία
boksning

χόκεϋ επί πάγου
ishockey

ποδόσφαιρο
fodbold

μπάντμιντον
badminton

στίβος
atletik

χάντμπολ
håndbold

σκι
skiløb

πόλο
polo

γελάω
grine

πηδάω
springe

αγκαλιάζω
give et knus

περπατάω
gå

τραγουδάω
synge

ονειρεύομαι
drømme

προσεύχομαι
bede

φιλάω
kysse

γράφω
skrive

σχεδιάζω
tegne

δείχνω
vise

πιέζω
skubbe

δίνω
give

παίρνω
tage

έχω

have

κάνω

gøre

είμαι

være

στέκομαι

stå

τρέχω

løbe

τραβάω

trække

ρίχνω

kaste

πέφτω

falde

ξαπλώνω

ligge

περιμένω

vente

κουβαλώ

bære

κάθομαι

sidde

φοράω

tage på

κοιμάμαι

sove

ξυπνάω

vågne

δραστηριότητες - aktiviteter

κοιτάω

se på

κλαίω

græde

χαϊδεύω

ae

χτενίζω

kæmme

μιλάω

tale

καταλαβαίνω

forstå

ρωτάω

spørge

ακούω

høre

πίνω

drikke

τρώω

spise

συγυρίζω

rydde op

αγαπάω

elske

μαγειρεύω

koge

οδηγώ

køre

πετάω

flyve

κάνω ιστιοπλοΐα

sejle

υπολογίζω

regne

διαβάζω

læse

μαθαίνω

lære

δουλεύω

arbejde

παντρεύομαι

gifte sig med

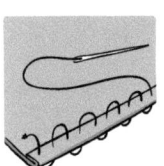

ράβω

sy

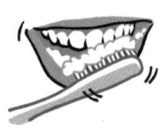

βουρτσίζω τα δόντια

børste tænder

σκοτώνω

dræbe

καπνίζω

ryge

στέλνω

sende

γιαγιά
bedstemor

παππούς
bedstefar

πατέρας
far

μητέρα
mor

μωρό
baby

κόρη
datter

γιος
søn

καλεσμένος

gæst

θεία

tante

θείος

onkel

αδελφός

bror

αδελφή

søster

σώμα

krop

μέτωπο
pande
μάτι
øje
ώμος
skulder
δάχτυλο
finger
πρόσωπο
ansigt
πιγούνι
hage
χέρι
hånd
πόδι
ben
στήθος
bryst
βραχίονας
arm

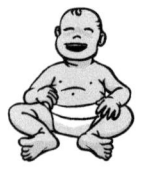

μωρό

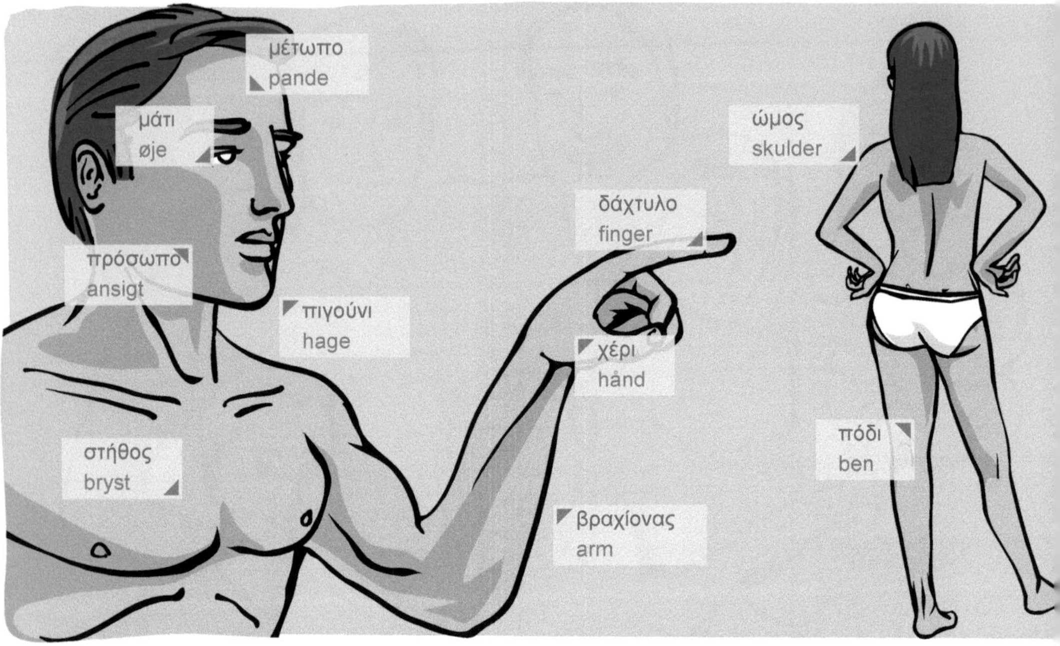

baby

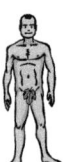

άνδρας

mand

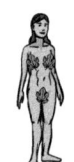

γυναίκα

kvinde

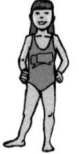

κορίτσι

pige

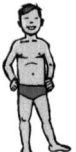

αγόρι

dreng

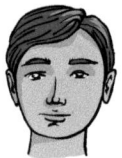

κεφάλι

hoved

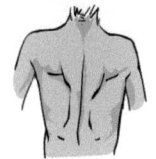

πλάτη
ryg

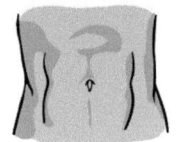

κοιλιά
mave

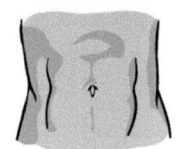

αφαλός
navle

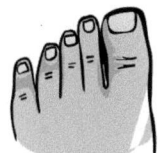

δάχτυλο ποδιού
tå

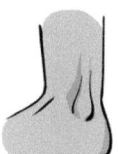

φτέρνα
hæl

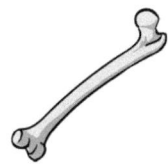

κόκκαλο
knogle

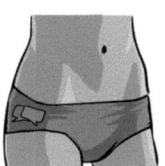

γοφός
hofte

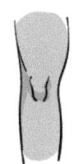

γόνατο
knæ

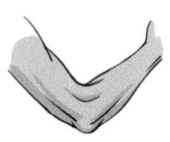

αγκώνας
albue

μύτη
næse

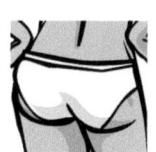

γλουτός
bagdel

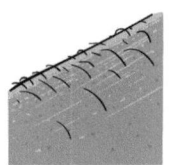

δέρμα
hud

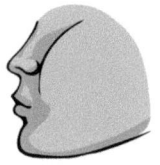

μάγουλο
kind

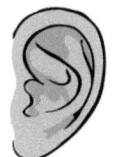

αυτί
øre

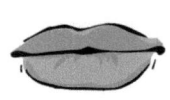

χείλος
læbe

στόμα
mund

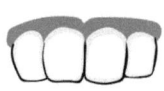

δόντι
tand

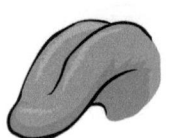

γλώσσα
tunge

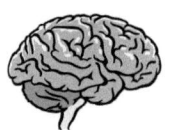

εγκέφαλος
hjerne

καρδιά
hjerte

μυς
muskel

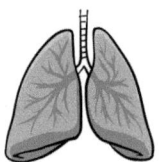

πνεύμονας
lunge

συκώτι
lever

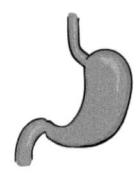

στομάχι
mavesæk

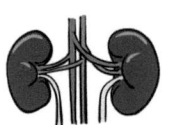

νεφρά
nyrer

σεξουαλική επαφή
sex

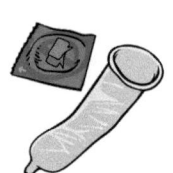

προφυλακτικό
kondom

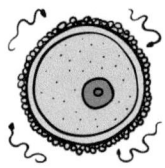

ωάριο
ægcelle

σπέρμα
sperm

εγκυμοσύνη
svangerskab

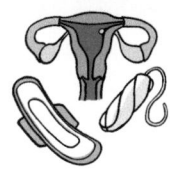

περίοδος

menstruation

γυναικείος κόλπος

vagina

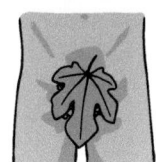

πέος

penis

φρύδι

øjenbryn

μαλλιά

hår

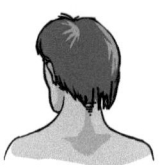

λαιμός

hals

νοσοκομείο

sygehus

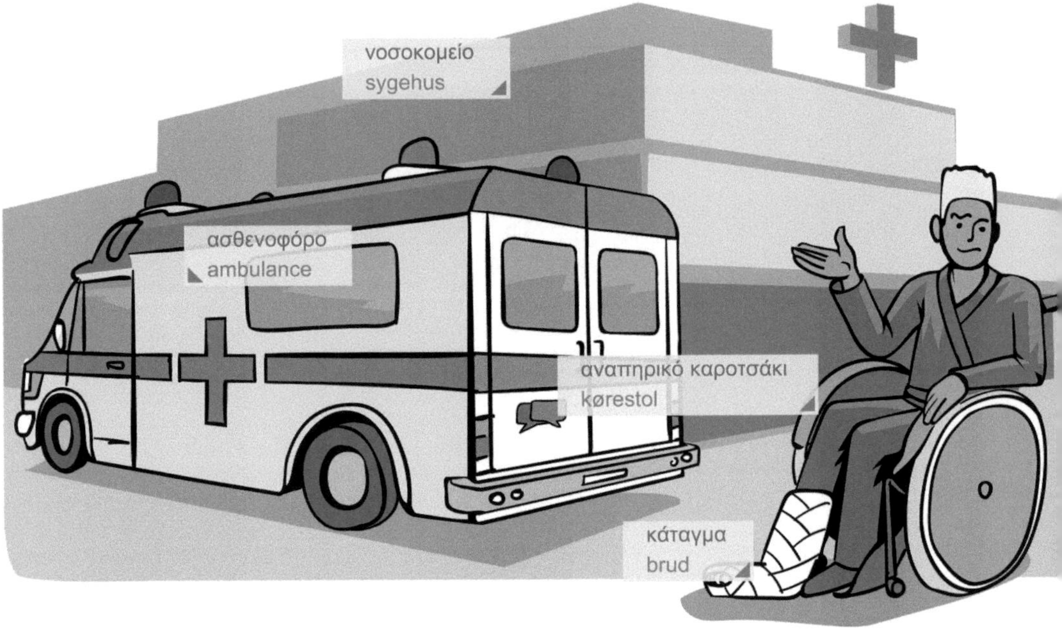

νοσοκομείο
sygehus
ασθενοφόρο
ambulance
αναπηρικό καροτσάκι
kørestol
κάταγμα
brud

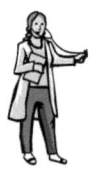

γιατρός

læge

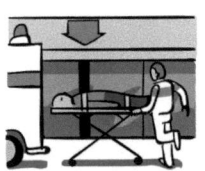

μονάδα εντατικής θεραπείας

akutmodtagelse

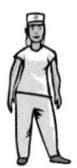

νοσοκόμα

sygeplejerske

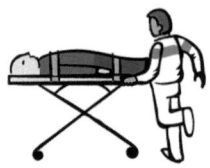

έκτακτη ανάγκη

nødstilfælde

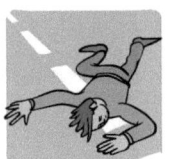

λιπόθυμος

bevidstløs

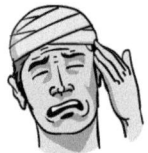

πόνος

smerte

τραύμα

skade

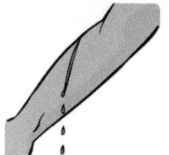

αιμορραγία

blødning

έμφραγμα

hjerteinfarkt

εγκεφαλικό

slagtilfælde

αλλεργία

allergi

βήχας

hoste

πυρετός

feber

γρίπη

influenza

διάρροια

diarré

πονοκέφαλος

hovedpine

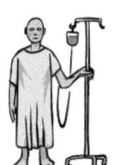

καρκίνος

kræft

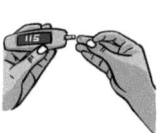

διαβήτης

diabetes

χειρουργός

kirurg

νυστέρι

skalpel

εγχείρηση

operation

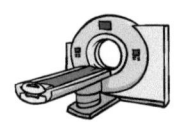

αξονική τομογραφία

CT

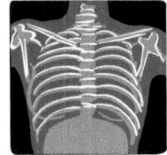

ακτινογραφία

røntgen

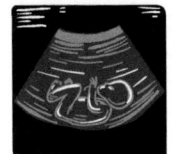

υπέρηχος

ultralyd

μάσκα

maske

ασθένεια

sygdom

αίθουσα αναμονής

venteværelse

πατερίτσα

krykke

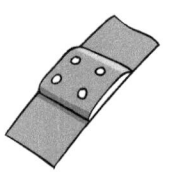

χάνσαπλαστ

plaster

επίδεσμος

forbinding

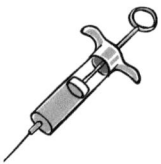

ένεση

injektion

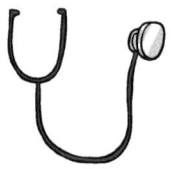

στηθοσκόπιο

stetoskop

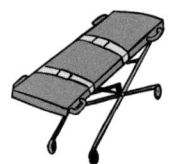

φορείο

båre

θερμόμετρο

termometer

γέννηση

fødsel

υπέρβαρο

overvægt

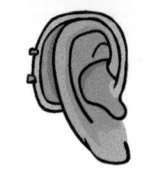

ακουστικό βαρηκοΐας

høreapparat

αντισηπτικό

desinficerende middel

λοίμωξη

infektion

ιός

virus

HIV/AIDS

HIV / AIDS

φάρμακο

medicin

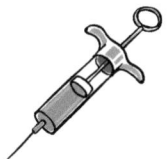

εμβολιασμός

vaccination

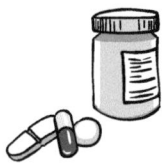

δισκία

tabletter

χάπι

pille

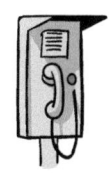

κλήση έκτακτης ανάγκης

nødopkald

πιεσόμετρο αίματος

blodtryksmåler

άρρωστος / υγιής

syg / rask

Βοήθεια!

Hjælp!

συναγερμός

alarm

βιαιοπραγία

overfald

επίθεση

angreb

κίνδυνος

fare

έξοδος κινδύνου

nødudgang

Φωτιά!

Det brænder!

πυροσβεστήρας

ildslukker

ατύχημα

uheld

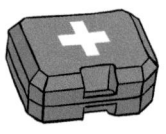

κουτί πρώτων βοηθειών

førstehjælps-kuffert

SOS

SOS

αστυνομία

politi

Ευρώπη

Europa

Βόρεια Αμερική

Nordamerika

Νότια Αμερική

Sydamerika

Αφρική

Afrika

Ασία

Asien

Αυστραλία

Australien

Ατλαντικός Ωκεανός

Atlanterhavet

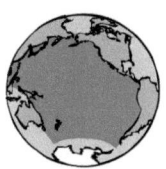

Ειρηνικός Ωκεανός

Stillehavet

Ινδικός Ωκεανός

Indiske Ocean

Ανταρκτικός Ωκεανός

Sydlige Ishav

Αρκτικός Ωκεανός

Ishav

Βόρειος Πόλος

Nordpol

Νότιος Πόλος
Sydpol

Ανταρκτική
Antarktis

Γη
Jorden

γη
land

θάλασσα
hav

νησί
ø

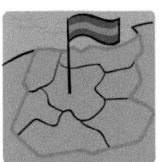

έθνος
nation

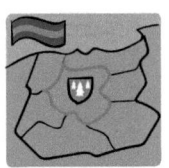

πολιτεία
stat

καντράν ρολογιού

urskive

ωροδείκτης

timeviser

λεπτοδείκτης

minutviser

δείκτης δευτερολέπτων

sekundviser

Τι ώρα είναι;

Hvad er klokken?

ημέρα

dag

χρόνος

tid

τώρα

nu

ψηφιακό ρολόι

digitalur

λεπτό

minut

ώρα

time

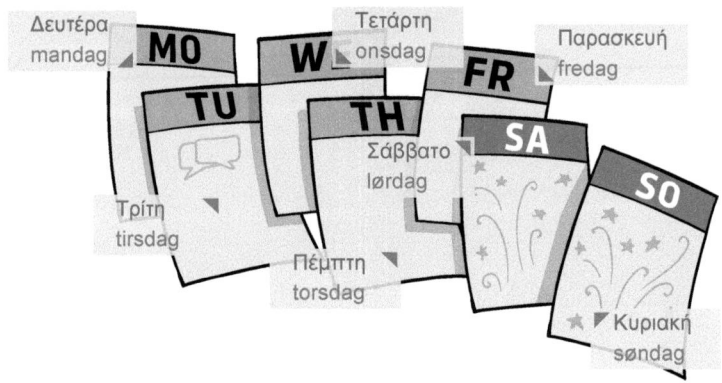

Δευτέρα mandag — MO
Τετάρτη onsdag — W
Παρασκευή fredag — FR
TU
TH
SA
Σάββατο lørdag
Τρίτη tirsdag
SO
Πέμπτη torsdag
Κυριακή søndag

χθες

i går

σήμερα

i dag

αύριο

i morgen

πρωί

morgen

μεσημέρι

middag

βράδυ

aften

εργάσιμες ημέρες

arbejdsdage

Σαββατοκύριακο

weekend

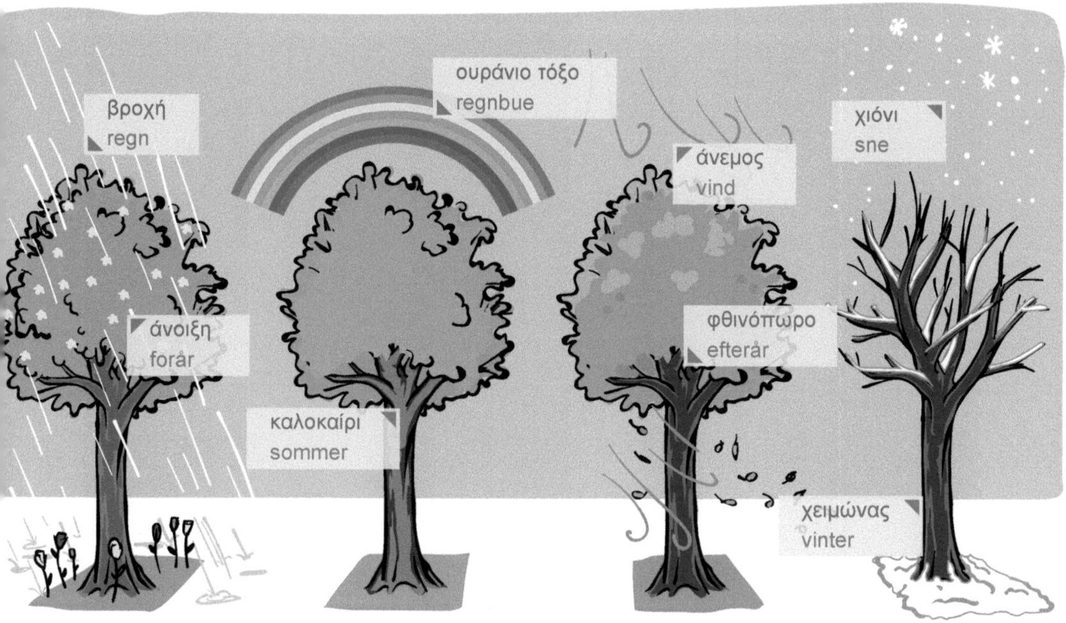

βροχή
regn

ουράνιο τόξο
regnbue

άνεμος
vind

χιόνι
sne

άνοιξη
forår

φθινόπωρο
efterår

καλοκαίρι
sommer

χειμώνας
vinter

4.APRIL	11°	☀
5.APRIL	4°	☁
6.APRIL	13°	☂
7.APRIL	8°	❄
8.APRIL	10°	☀

πρόγνωση καιρού

vejrudsigt

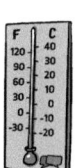

θερμόμετρο

termometer

λιακάδα

solskin

σύννεφο

sky

ομίχλη

tåge

υγρασία

luftfugtighed

αστραπή

lyn

κεραυνός

torden

καταιγίδα

storm

χαλάζι

hagl

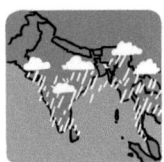

μουσώνας

monsun

πλημμύρα

flod

πάγος

is

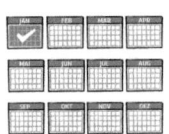

Ιανουάριος

januar

Φεβρουάριος

februar

Μάρτιος

marts

Απρίλιος

april

Μάιος

maj

Ιούνιος

juni

Ιούλιος

juli

Αύγουστος

august

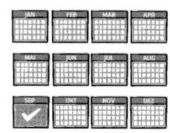

Σεπτέμβριος
....
september

Οκτώβριος
....
oktober

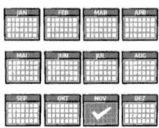

Νοέμβριος
....
november

Δεκέμβριος
....
december

κύκλος
....
cirkel

τετράγωνο
....
kvadrat

ορθογώνιο
παραλληλόγραμμο
firkant

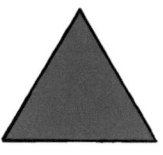

τρίγωνο
....
trekant

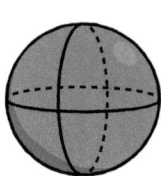

σφαίρα
....
kugle

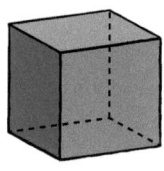

κύβος
....
terning

άσπρο

hvid

κίτρινο

gul

πορτοκαλί

orange

ροζ

pink

κόκκινο

rød

μωβ

lilla

μπλε

blå

πράσινο

grøn

καφέ

brun

γκρι

grå

μαύρο

sort

πολύ / λίγο

meget / lidt

θυμωμένος / ήρεμος

rasende / fredelig

όμορφος / άσχημος

smuk / grim

αρχή / τέλος

begyndelse / slut

μεγάλος / μικρός

stor / lille

φωτεινός / σκοτεινός

lys / mørk

αδελφός / αδελφή

bror / søster

καθαρός / λερωμένος

ren / snavset

πλήρης / ατελής

fuldkommen / ufuldkommen

ημέρα / νύχτα

dag / nat

νεκρός / ζωντανός

død / levende

φαρδύς / στενός

bred / smal

βρώσιμος / μη βρώσιμος

spiselig / uspiselig

κακός / ευγενικός

vred / venlig

ενθουσιασμένος / βαριεστημένος

ophidset / kedet

παχύς / λεπτός

tyk / tynd

πρώτος / τελευταίος

først / sidst

φίλος / εχθρός

ven / fjende

γεμάτος / άδειος

fuld / tom

σκληρός / μαλακός

hård / blød

βαρύς / ελαφρύς

tung / let

πείνα / δίψα

sult / tørst

άρρωστος / υγιής

syg / rask

παράνομος / νόμιμος

illegal / legal

έξυπνος / χαζός

intelligent / dum

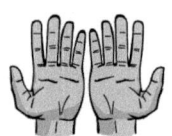

αριστερός / δεξιός

venstre / højre

κοντινός / μακρινός

nær / fjern

καινούριος /
μεταχειρισμένος

intet / noget

ny / brugt

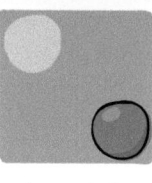

τίποτα / κάτι

intet / noget

γέρος | νέος

gammel / ung

αναμμένος / σβηστός

tændt / slukket

ανοιχτός / κλειστός

áben / lukket

χαμηλόφωνος /
μεγαλόφωνος
stille / højt

πλούσιος / φτωχός

rig / fattig

σωστός / λανθασμένος

rigtig / forkert

τραχύς / λείος

ru / glat

λυπημένος / χαρούμενος

ked af det / lykkelig

κοντός / μακρύς

kort / lang

αργός / γρήγορος

langsom / hurtig

υγρός / στεγνός

våd / tør

ζεστός / δροσερός

varm / kold

πόλεμος / ειρήνη

krig / fred

αντίθετα - modsætninger

0

μηδέν
nul

1

ένα
en

2

δύο
to

3

τρία
tre

4

τέσσερα
fire

5

πέντε
fem

6

έξι
seks

7

εφτά
syv

8

οκτώ
otte

9

εννιά
ni

10

δέκα
ti

11

έντεκα
elleve

12

δώδεκα

tolv

13

δεκατρία

tretten

14

δεκατέσσερα

fjorten

15

δεκαπέντε

femten

16

δεκαέξι

seksten

17

δεκαεφτά

sytten

18

δεκαοκτώ

atten

19

δεκαεννέα

nitten

20

είκοσι

tyve

100

εκατό

hundrede

1.000

χίλια

tusinde

1.000.000

εκατομμύριο

million

Αγγλικά

engelsk

Αμερικάνικα Αγγλικά

amerikansk engelsk

Μανδαρίνικα Κινέζικα

kinesisk mandarin

Χίντι

hindi

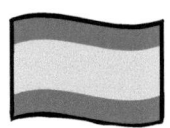

Ισπανικά

spansk

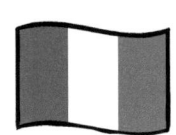

Γαλλικά

fransk

Αραβικά

arabisk

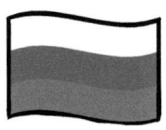

Ρώσικα

russisk

Πορτογαλικά

portugisisk

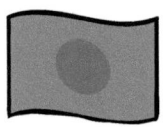

Μπενγκάλι

bengalsk

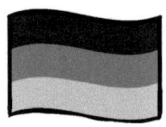

Γερμανικά

tysk

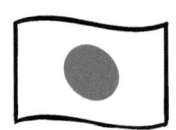

Ιαπωνικά

japansk

εγώ

jeg

εσύ

du

αυτός / αυτή / αυτό

han / hun / den / det

εμείς

vi

εσείς

I

αυτοί / αυτές / αυτά

de

ποιος / ποια / ποιο;

hvem?

τι;

hvad?

πώς;

hvordan?

πού;

hvor?

πότε;

hvornår?

όνομα

navn

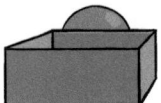

πίσω

bag

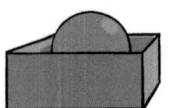

μέσα

i

μπροστά

foran

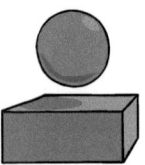

πάνω από

over

πάνω

på

κάτω

under

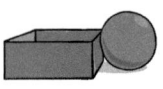

δίπλα

ved siden af

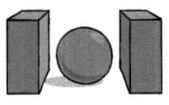

ανάμεσα

imellem

μέρος

sted